カラーセクション

図3-1から図3-34まで

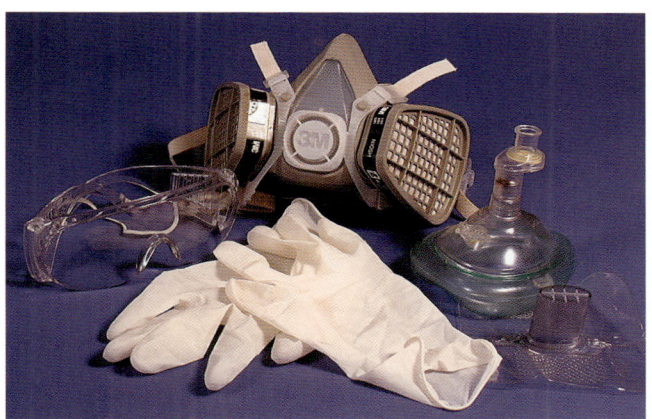

図3.1　市販の保護用品

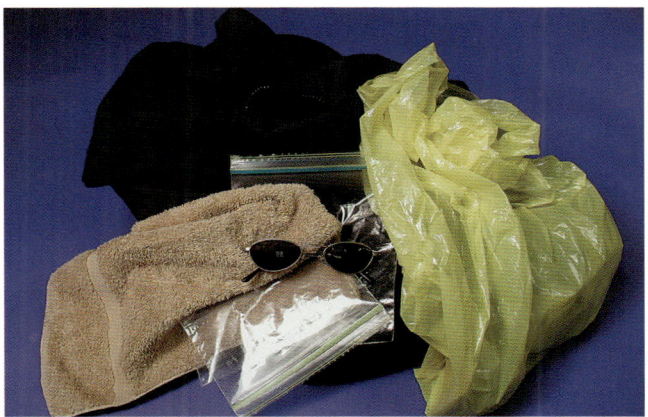

図3.2　間に合わせの保護用品

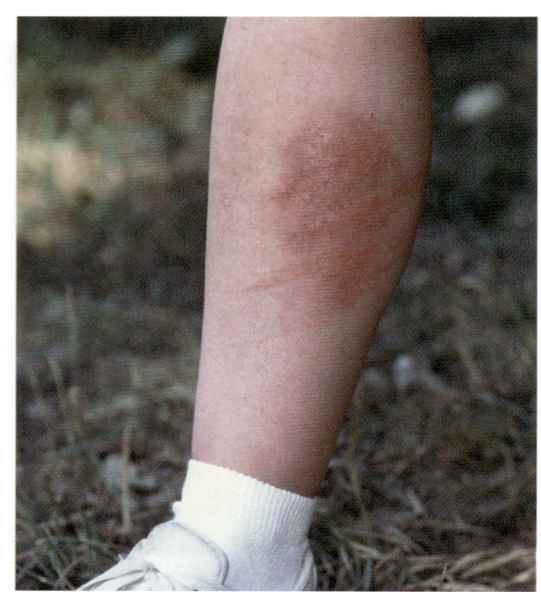

図3.3
アレルギー反応

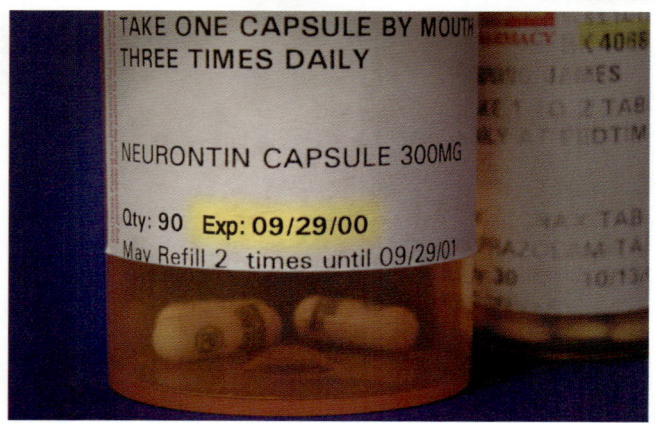

図3.4　薬の有効期限

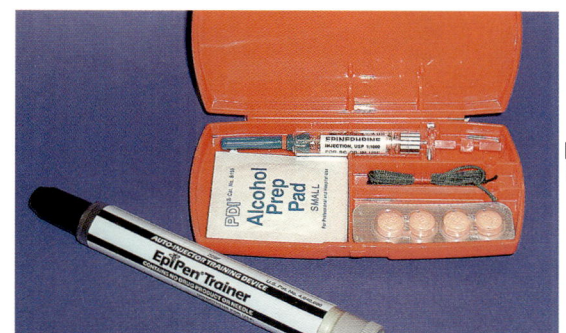

図3.5　エピネフリン（エピ・ペン）

図3.6　投薬の手助け

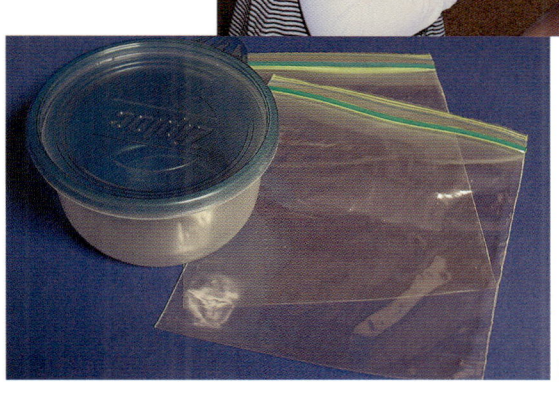

図3.7　防水容器

図3.8　ニシダイヤガラガラヘビ（Crotalus atrox）

図3.9　アリゾナサンゴヘビ（Micruroides euryxanthus）

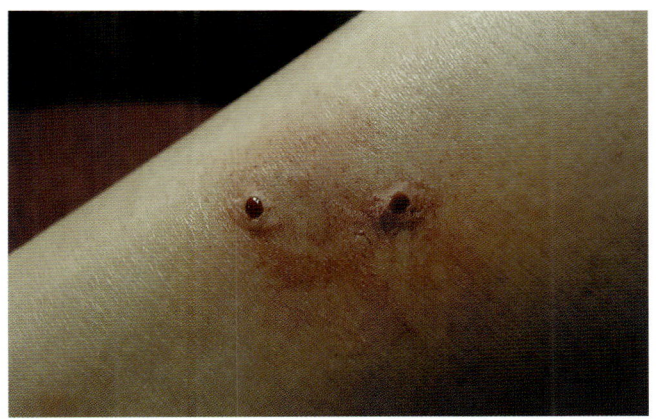

図3.10 ヘビの咬傷

図3.11 呼吸困難

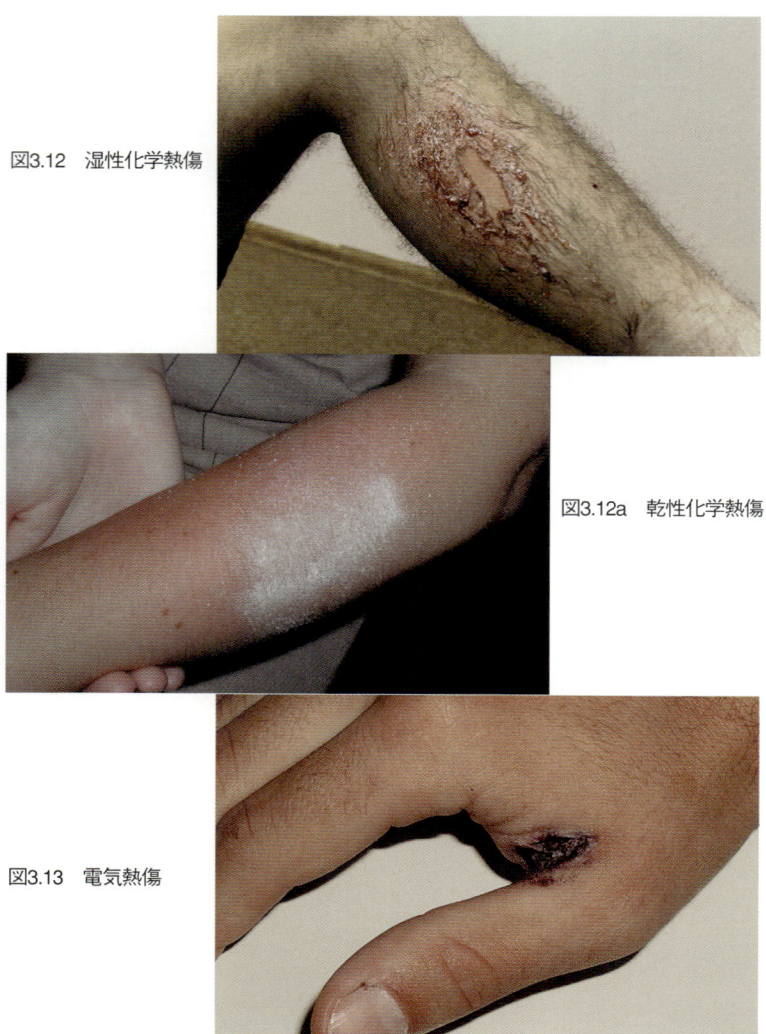

図3.12　湿性化学熱傷

図3.12a　乾性化学熱傷

図3.13　電気熱傷

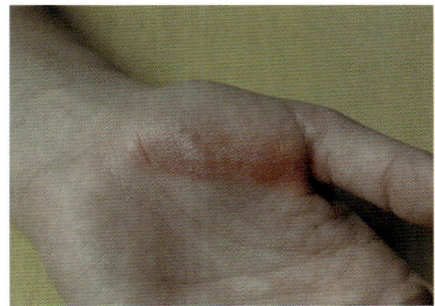
図3.14　第一度の熱傷

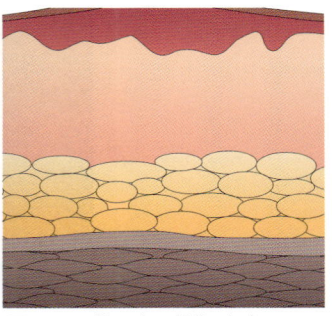
図3.14a　第一度の熱傷（Ill.）

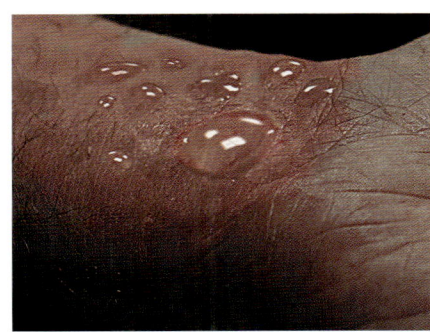
図3.15　第二度の熱傷

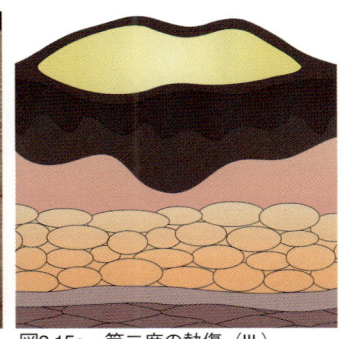
図3.15a　第二度の熱傷（Ill.）

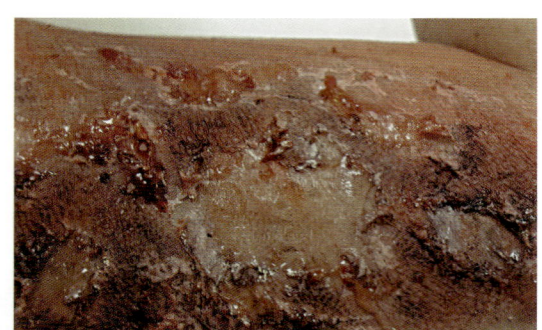

図3.16 第三度の熱傷

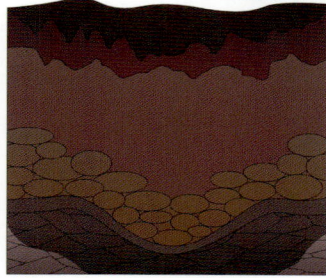

図3.16a 第三度の熱傷（Ⅲ.）

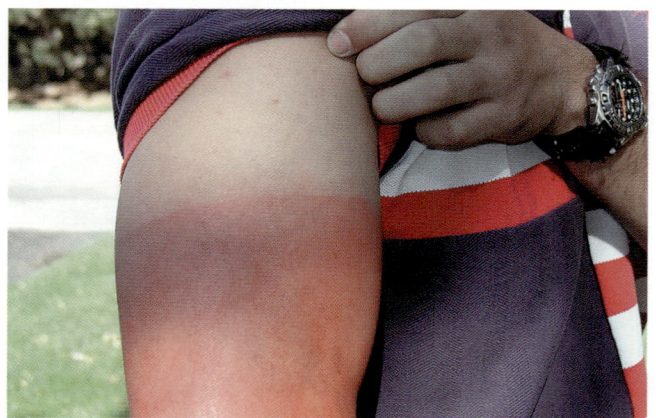

図3.17
日焼け

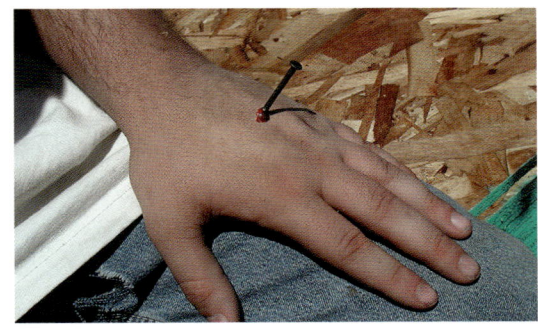

図3.18 手への刺傷

図3.19 補助に枕の使用

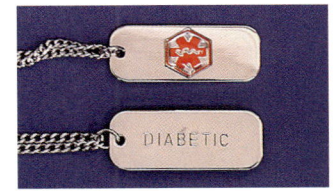

図3.20 糖尿病の医療タグ

図3.21 経口グルコース（ブドウ糖）

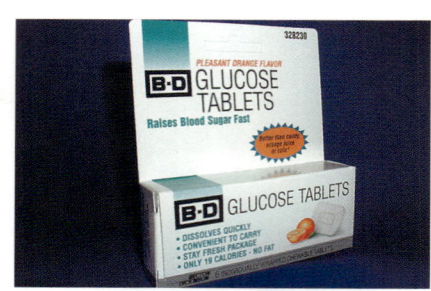

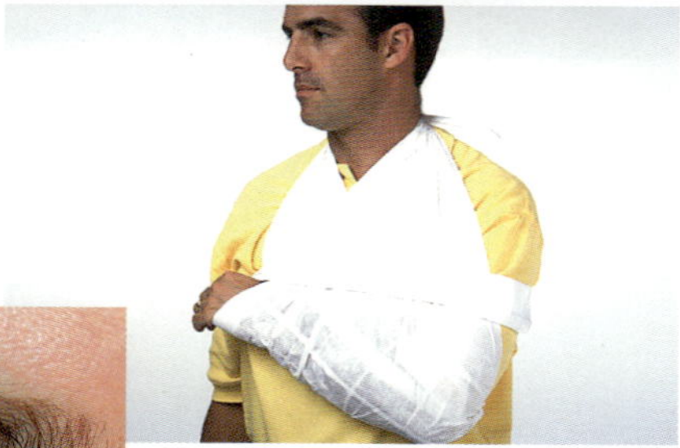

図3.22 脱臼に副子を当てているところ

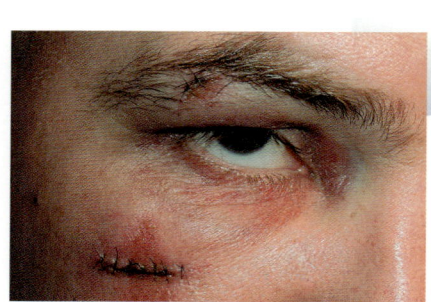

図3.23 眼の周りの打撲

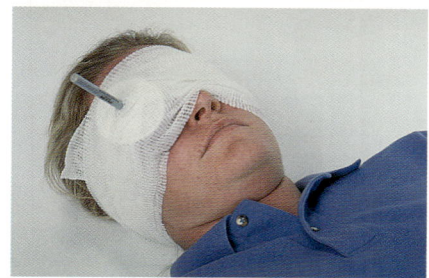

図3.24 眼に物が刺さった箇所に包帯をしたところ

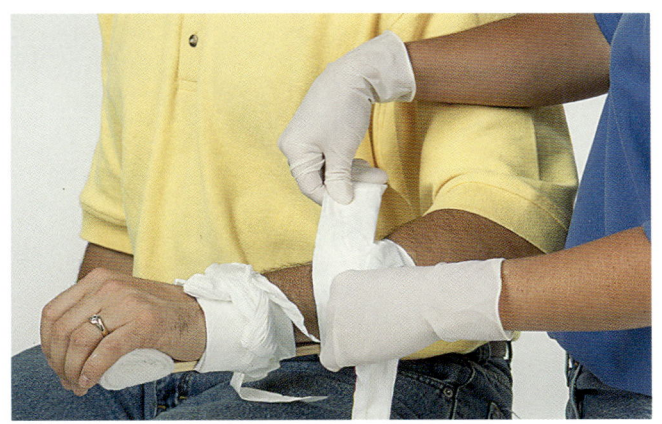

図3.25　骨折を固定しているところ

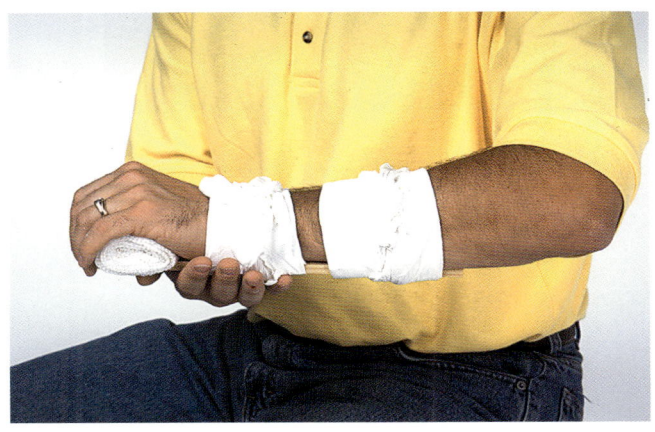

図3.25a　骨折の固定

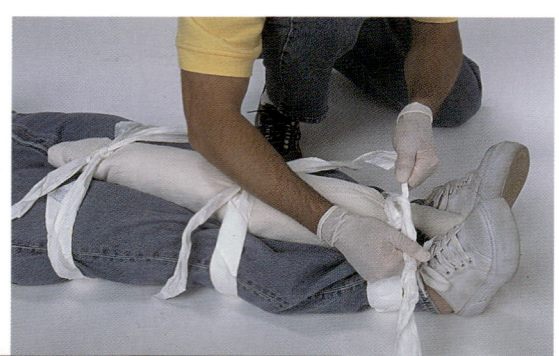

図3.26 負傷した脚に副子をして、負傷していない足に固定する

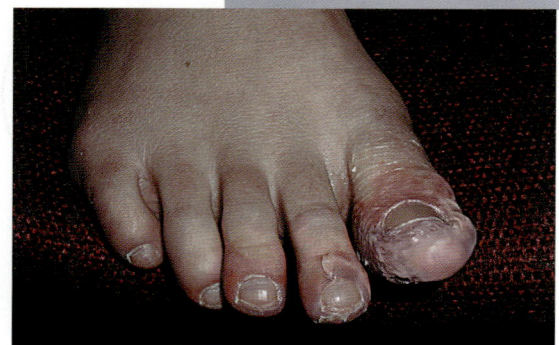

図3.27 凍傷

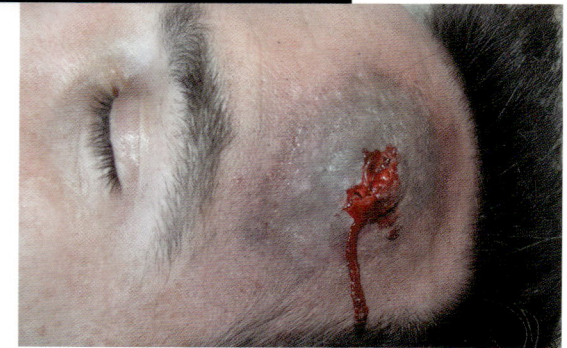

図3.28 頭部の負傷

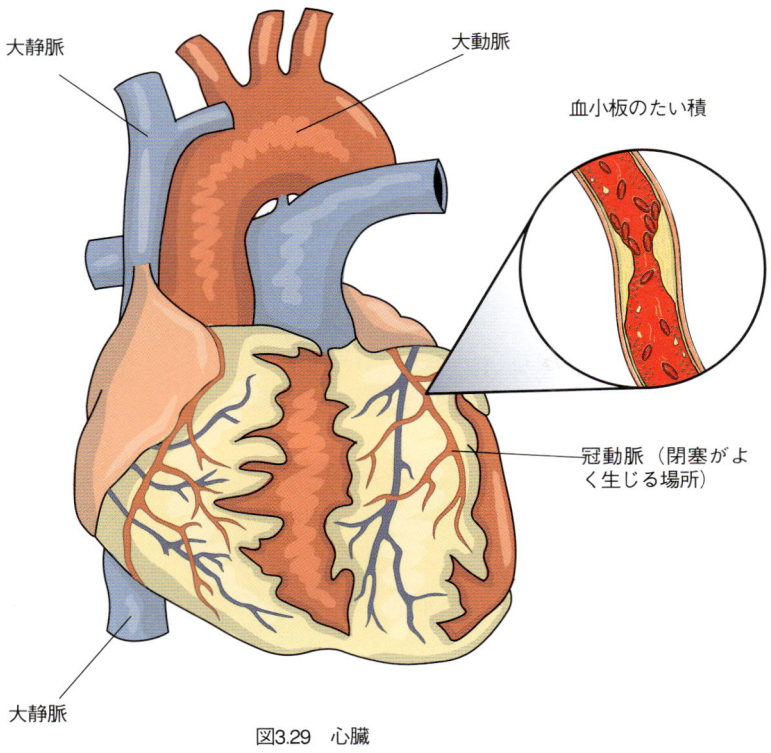

図3.29　心臓

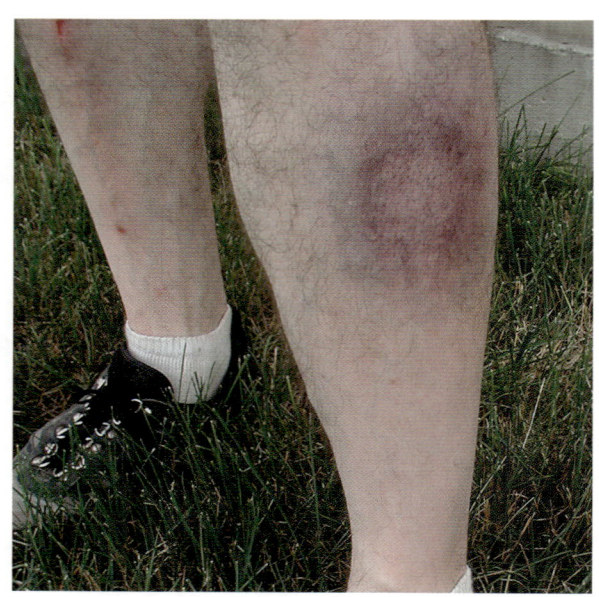

図3.30
挫傷（打撲）

図3.31
活性炭

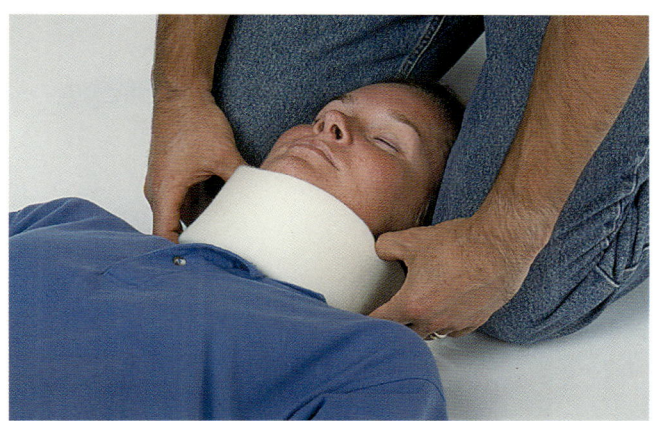

図3.32　頸部カラーによる頭部と首の固定

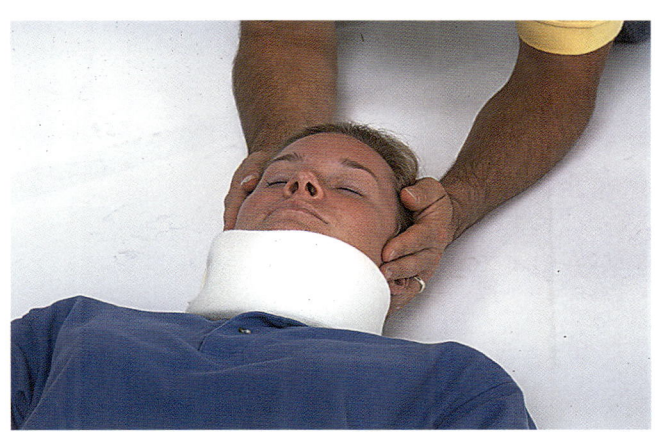

図3.32a　脊椎を真っ直ぐにして固定する

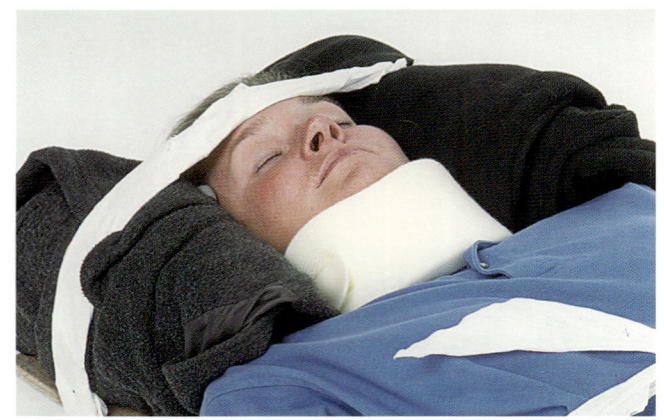

図3.33　搬送のために頭部を固定しているところ

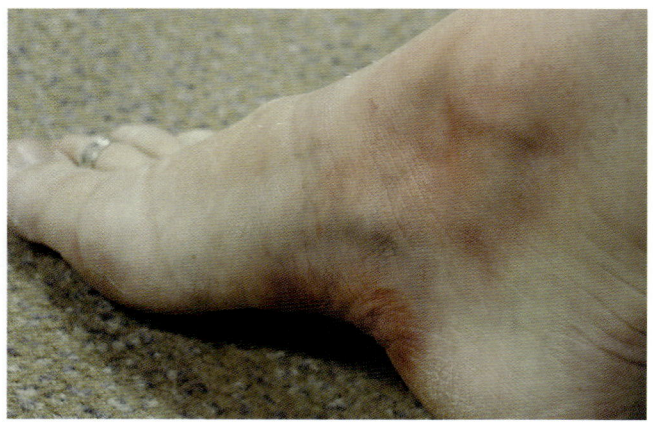

図3.34　足首の捻挫

リアクトライト・メンバーの使命

負傷した人々への手助けとファーストエイドによる救命

負傷者への手助けとファーストエイドによる
早期の救命対応で、人と社会の安全を守ります。

一緒に行えば、効果がちがいます

目次

カラーセクション　　　1
リアクトライト・メンバーの使命　　　17
はじめに　　　19
　　リアクトライト・成人ファーストエイド／CPRの紹介　　　20
　　リアクトライト・緊急ファーストエイド教育システム　　　24

インフォメーション　　　29
　　感染の予防　　　30
　　よきサマリア人法　　　34

コーススキルとフィールドガイド

セクション1　初期評価　　　37
- はじめに：初期評価　38
- 現場の確認　41
- 自分と傷病者の保護　44
- 緊急隊(救急車)を呼ぶ　47
- 意識のない傷病者の評価　50
- 意識のある傷病者の評価　54
- 傷病者の搬送　59
- 傷病者の姿勢と取り扱い　62
- バイタルサイン(生命徴候)　66
- 複数の傷病者　70
- まとめ　73

セクション2　一次安定化のスキルとテクニック　　　75
- はじめに：呼吸　77
- 気道の傷害　79
- 人工呼吸　84
- CPR(心肺蘇生法)　88
- ショック　92
- 外出血　95
- 内出血　99
- まとめ　102

セクション3　ファーストエイドテクニック　　　105
- はじめに：ファーストエイドテクニック
- 腹部の緊急事態　108
- アレルギー反応　111
- 切断(重体)　114
- 咬傷(動物と人間)　116
- 呼吸困難　119
- 熱傷(化学物質)　120
- 熱傷(電気)　123
- 熱傷(熱)　126
- 熱傷(日焼け)　129
- 胸部の負傷　131
- 脱臼　134
- 目の負傷　137
- 失神　141
- 骨折　143
- 凍傷　147
- 頭部の負傷　150
- 心臓発作　154
- 熱関連の疾病　157
- 低体温症(ハイポサーミア)　161
- 筋肉の負傷　165
- 溺水　168
- 鼻血　171
- 毒(摂取)　173
- 毒(吸入)　176
- 毒(皮膚の接触)　178
- 発作　180
- 脊髄損傷　183
- 卒中(脳血管障害発作)　186
- まとめ　188

18

はじめに

あなたは自宅や職場、あるいは学校などで、家族や友人などのような行動をとりますか。もし、心臓が止まったり、呼吸をしていない人を発見したらどうすればいいのでしょうか。ほとんどの人が何をしていいのかわからないのではないでしょうか。

救急学の権威でもあるフランスのM.カーラー教授は、人間は心臓停止から3分で50％が死亡し、呼吸停止から10分で50％が死亡し、多量出血から30分で50％が死亡するという見解を示しています。それよりも時間がかかってしまう場合には、助かる可能性が著しく低くなります。現在の日本では、通報後に救急車が到着するまでの時間は約6分です。つまり、心肺停止状態の人を発見をしていなければほとんどの場合助からないのが現実です。もし何もわからなくて「救急車にいる救急隊したら、あなた自身で救急車が到着するまでの間にファーストエイド／CPR技術を施し、蘇生させてあげなければならないということです。もし何もわからなくて「救急車にいる救急隊員に任せたほうがよい」と思っているなら、あなたの大切な人の命が救えないかもしれません。

平成10年度の消防庁発表の統計でみると、心肺停止状態の人が救急車で病院に運ばれた場合の1カ月後の生存率は、救急車通報をした家族からの身の回りの方によって応急手当が施された場合1カ月後生存率は5.2％となり、応急手当が施されない場合（2.7％）の約2倍の生存率となっています。救急現場で果たすひとりひとりの役割の大きさがいかに大切かが伺えます。

私たちは、読者の皆様が緊急時の「リアクトライト」（正しい対処法）を身につけることで、多くの大切な人の笑顔を見続けていたいと考えています。

リアクトライト・成人ファーストエイド／CPRの紹介

リアクトライト救急法トレーニングは、ご家庭や職場などで実際に使える「応急手当のテクニック」を、3つの大切な要素を中心にわかり易く説明しています。

はじめの要素は、知識(knowledge)です。

正しい知識を修得することは最も大切な要素です。リアクトライト独自のホームスタディ教材を使えば、教室で長時間過ごすことなく、効率よく大切な救急法トレーニングに関する、基本的情報を学習することができます。

ふたつめの要素はスキル(Skills)です。

スキルの体得は簡単に行えません。公認のインストラクターと一緒に実際の場面を想定し、何度もスキル練習をすることで条件反射的にできるようにな

リアクトライト・成人ファーストエイド／CPRの紹介

るのです。繰り返し行うことで、自信をもっていざというときに対応できるプロバイダーになります。

3つめの要素はファーストエイド器材（Equipment）です。

応急手当を施す人は、第一に自分の安全も考慮しなくてはなりません。不用意に応急手当をしてしまうと、自分自身が感染症になる危険もあります。しかし、適切なファーストエイド用品を使用することで感染のリスクを低減させることができます。

また、リアクトライトではこの本で学ぶ知識のみならず、病気やけが、災害から自分自身を守りながら、傷病者を正しく救助し、医師に引き渡すまでのファーストエイド（応急手当）を学ぶ「成人向けファーストエイド／CPR講習」をご紹介しています。これらを受講して修了することで、成人（8才以上）の人が何かの傷病に合っていても、すばやく医師に引き継ぐまでの対応ができるようになります。

ファーストエイドトレーニングの重要性

リアクトライトで提供している成人ファーストエイド／CPRプログラムを修了し、生涯にわたって受けたトレーニングを有効な状態に維持することによって、あなたは"救命サイクル"の中心になることになります。このサイクルの中心になるのは、緊急状況の判断ができ状況に的確に対応し、不必要または不適切な手当をしないことでこのプロセスを開始するようトレーニングを受けた個々の人々からできています。最前線にいる人々、

21

緊急時のアプローチ

リアクトライトが開発した緊急対応システムは、ファーストエイド・プロバイダーが何らかの緊急事態が起こったときにそれを管理し、救急隊員に引き継ぐまで緊急ファーストエイドを実施するのを手助けするためのものです。緊急行動システムは、リアクトライト・ファーストエイドのアプローチが基になっています。このアプローチは、守るのも簡単で、しかも、ファーストエイド・プロバイダーが緊急時に落ち着いて完全に、しかも上手に、適切な対応をするのに必要なすべての情報を組み込んであります。

例えばあなた自身ですが、その人たちこそが緊急行動を開始するのです。その行動は、家族や友人、見知らぬ人のかけがえのない命が重大な危険にさらされた場合に、必要な手助けを受けられるチャンスを極めて大きくするのに必要なのです。"救命サイクル"は、あなたのようにファーストエイドおよびCPRのトレーニングを受けた個人がいなければ成り立ちません。

評価

ファーストエイド・プロバイダー(施術者)が、手助けを実施する前に、まず最初にすべきことは、現場と傷病者、救急隊員を呼べるかどうかを評価することです。初期評価がリアクトライト・ファーストエイドの第一段階です。

安定化

現場と傷病者の評価が終わり、必要であれば緊急医療サービスに連絡したら、ファーストエ

リアクトライト・成人ファーストエイド／CPRの紹介

イド・プロバイダーは傷病者を安定させる必要があります。これは、対応する者が、生命に危険がある問題があれば、それを安定化する適切な行動をとらなければならないという意味です。一次安定化が、リアクトライト・ファーストエイドの第二段階です。例えば、人工呼吸やCPR、大出血の止血とショック症状への対処などがあげられます。

ファーストエイド

傷病者を安定化してから、生命の危険がない状況では、付き添っている必要があります。これには、関節の損傷、軽い創傷や打撲、咬傷、刺傷、中毒、熱傷やその他の手当が必要なトラブルなどが含まれます。ファーストエイドは、リアクトライト・プログラムの第三段階で最後のものです。

リアクトライト・緊急ファーストエイド教育システム

ファーストエイドのそれぞれの段階は、リアクトライト・緊急行動フローチャートの関連セクションと相互に関係しています。フローチャートのすべての段階が正しくまとめられれば、ファーストエイド・プロバイダーは考えられる最良の緊急のファーストエイドを提供するツールを持つことになります。

このマニュアルの各セクションは、緊急行動フローチャートのそれぞれのセクションと相互に関係しています。緊急行動フローチャートと情報が一貫するようになっています。あなたはリアクトライト・緊急行動システムで提示される情報が、どのように緊急ファーストエイドを必要とする状況に対応しているかを、よりよく理解できます。

リアクトライト・緊急行動フローチャートは3つの部分に分けられます。セクション1は、初期評価(図Ⅰ)で、現場と関係する傷病者を正しく評価するのに必要な情報が、すべて含まれています。

セクション2は、一次安定化のスキルとテクニック(図Ⅱ)で、命にかかわる状況を安定化することと傷病者が複数の場合の手当に必要な情報のすべてが含まれています。

24

リアクトライト・緊急ファーストエイド教育システム

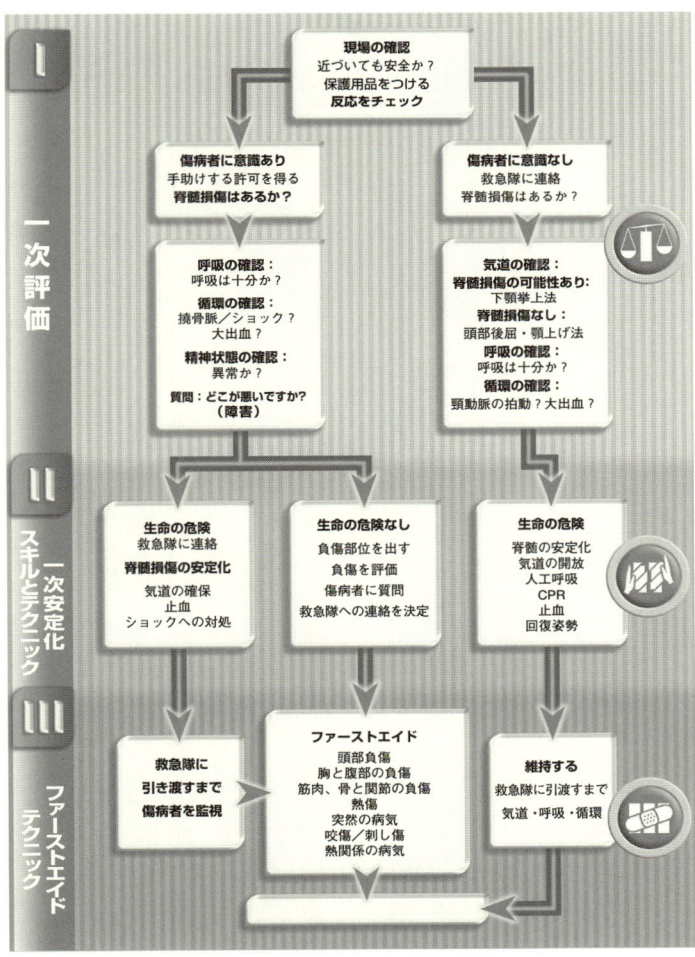

セクション3、ファーストエイドテクニック（図Ⅲ）は、通常は当面生命の危機がない傷害や状態を適切に手当てするのに必要な情報をすべて含んでいます。

緊急行動フローチャートのユニットを組み合わせるとリアクトライト・ファーストエイドの効率のよい手引きができます。リアクトライト・緊急行動システム（ビデオ、コースマニュアル、フィールドガイド、緊急行動フローチャート）は、どんな緊急事態でも有能で、落ち着いて、完全にリアクトライト（正しく行動）する方法をユーザーが身につける手助けとなるようにできています。緊急事態はいつ起こるかわかりません。ですから、頻繁にリアクトライト・緊急行動システムを復習するようお勧めします。

3つのR

あなたが遭遇する緊急事態はどれも、それぞれが独特のものだと言えます。緊急事態の種類と適切な行動、避けるべき行動を決定する手助けをするのに、常に緊急行動の3つのRがでてきます。認識する(Recognize)、対応する(Respond)、禁止する(Restrict)の3つです。

緊急事態の際に正しく行動するのに、まず最初に、どんな種類の緊急事態に対処しようとしているのか、その状況に付随する潜在的危険がもしあるなら、それが何かを認識(recognize)しなければなりません。自分に与えられた緊急事態の種類を認識したら、その状態と傷病者を改善し安定化するための適切な行動で対応(respond)しなければなりません。最後に、傷病者をさらに悪くするとか、自分自身を危うくする不適切で不必要な行為を避けるための禁止事項(restrict)を理解する必要があります。

リアクトライト・緊急ファーストエイド教育システム

リアクトライト・マニュアルは、手当が必要なトラブルをどのように認識するか、そのトラブルへの対応方法や、そのトラブルで手助けをするのにどんな禁止事項があるかをはっきりと説明しています。同じ傷病者に同時にいくつものトラブルが起こるかもしれないことを忘れないでおきましょう。また、いくつかのトラブルのうちの一つだけに対応するということは、必ずしもそのトラブルすべてに対応しているわけではないことも忘れないでください。

早い対応と遅い対応

ファーストエイドの状況には異なる2つの状況が考えられます。首都圏の都市や町にいて緊急連絡の電話をしたなら、救急隊員が数分以内に到着するので、このコースのトレーニングで十分なはずです。しかし、遠隔地にいたなら救急隊は30分から1時間、あるいはそれ以上かかるかもしれません。

緊急医療の対応時間が30分を超えた場合、これは遅い対応であると考えるべきで、この場合は補足のファーストエイド手順が必要となります。災害の状態によっては、救急車がすぐに使えなくなってしまって、救急隊の対応が遅くなることもあることに注意してください。どのような地域であれ、それは起こりえます。すぐに使えるファーストエイド用品を持っている必要があります。付録に、早い対応と遅い対応のための用品リストがあります。

手順

コースマニュアル、ビデオ、緊急行動フローチャートの各々は3つの主なセクションに分か

れています。セクション1では、初期評価を完全に行うのに必要なスキルについて扱います。

セクション2は、安定化と生命にかかわる緊急事態に対処するのに必要なスキルを扱います。

セクション3は、重大だけれども生命の危険はない傷害と疾病に対処するのに必要なスキルとテクニックを扱います。各セクションを始める前、あるいはビデオを見る前に、付録にある知識確認問題を前もって見ておけば、何を探せばよいのかわかるでしょう。何かわからないことがあれば、インストラクターに教えてもらってください。リアクトライト・インストラクターはあなたが正しく学ぶのを手伝いするために、そこにいるのです。

教材を学び、知識確認問題を終わって、先に進む準備ができたら、担当インストラクターからスキル修得と評価セッションを受講してください。担当インストラクターがいない場合はリアクトライト・ジャパンに電話(またはウェブサイトをチェック)して、スキル修得と評価セッションが受けられるトレーニングセンターをお尋ねください。

インフォメーション

感染の予防

手助けをしても、自分に危害が及ぶようなやり方では、何にもなりません。それでも、緊急事態の現場で個人的保護用品（感染防止用具）を装着して使わなければ、基本的には同じことをしている訳です。

保護用品があれば、環境条件や現場の安定性に起因する感染や、損傷を受ける危険が極めて少なくなります。体液は疾病の主要な担体（キャリア）です。どのような形でも、相手と接触すれば、感染の危険が極めて大きくなります。身体に開放性の傷や治癒中の傷があれば覆って、粘膜（目と口）を保護することを確実に行ってください。自分を防御してから手助けをすることがあなたの責任です。

体液または危険な物が確認できないとしても、体液や物質は透明だったり肉眼では見つけられないこともあります。必ずしも見えるとは限りませんから、保護用品を装着するよう強く勧めます。

最低限の保護用品（感染防止用具）

次の用具リストは何らかの手助けを行う際に、自分を保護するために持っているべき推奨保護用品の最小限のものです。仕事場や家庭、乗り物に次の用品を準備しておくように勧めます。

- **基本ファーストエイドキット**
- **ラテックス手袋（ファーストエイドキット内に保管）**
- **逆止弁付きマウストゥマウスシールド**

インフォメーション

- **目の保護用品**
- **使い捨て有害物容器またはバッグ**
- **その他の個人用推奨保護用品**
- **前面を完全に覆うガウン**
- **空気伝染性病原菌(例えば結核)を除去するためのNIOSH認可のHEPA呼吸器**
- **フルフェイスシールド**
- **バッグバルブマスク(BVM)**

右のリストにある各用品はすぐに役に立ち、現場の安全を確認している間に身につけられます。ビニールやラテックスにアレルギーがあるなら低アレルギー用品も市販されています。緊急事態はいつでもどこでも起こりえます。緊急時の心づもりが常にあるわけではありません。個人用保護用品をいつも持っているとは限りません。このような状況で手助けをするかどうかはあなたの決断によります。しかしながら、身近なものを個人用保護用品の代用として使うこともできます。以下のものは実際の保護用品より保護レベルは落ちますが、ほとんどの場合ある一定の保護レベルは確保できます。(図3.2)

- ビニール袋は、手袋またはマウストゥマウス用の保護用品の代用に使えます。
- 目の詰んだ着衣、例えばゴアテックスなどは、手や肌を保護するのに使えます。
- サングラスや眼鏡などは、目の保護用品がない場合に使えます。

手助けをしている間

・手助けをした後や個人的保護用品（感染防止用具）を付けなかった場合、自分や他の人が使用したと考えられるものに触ってはいけません。
・先のとがったものを曲げたり、折ったり取り替えたりしてはいけません。こうすると不必要な負傷や汚れたもので刺したりすることになるかもしれません。
・とがったものはカバーをして固い壊れない入れ物に捨てます。
・切るものがある時は、血液などが飛び散らないように、また人がいない方向に向けて切り離します。
・自分の体の保護されていない箇所は触ってはいけません。
・顔と粘膜は触らないようにします。
・別の傷病者の手当をする時は、可能ならラテックス手袋を新しいものに代えます。
・ラテックス手袋を外すときは、内側を裏返すようにして外します。

手助けをした後

・食べ物を触ったり、顔に触れたりその他のものに触れたりするのは、薬用石鹸で肌を完全に洗ってからにします。
・傷病者の体液に触ったすべての物は、有害物処理用の容器に捨てます。この容器は救急隊員に手渡して検査と処理をしてもらいます。
・自分の行ったことを文書にします。
・傷病者の体液に触ったかもしれないと思ったら、かかりつけの医療専門家または地域の医療

インフォメーション

機関に連絡して検査のための情報を取ります。

自分が傷病者になってしまった場合は、もう手助けを得られないことを忘れないでください。

手当てをする前や手当て中、手当をした後、必要な用心をするのは、あなた自身なのです。

よきサマリア人法

ファーストエイドおよびCPRトレーニングを修了する人が多くなれば、それだけ重大な緊急事態でも人が助かる確率が高まります。しかし、信じる信じないにかかわらず、ファーストエイドおよびCPRのトレーニングをした人の多くは、手助けをしても法的に訴えられるのではないかと考えて、手助けするのを躊躇しています。

アメリカ合衆国とカナダのほとんどの州では、この問題をよきサマリア人法を制定して対処しています。この法律は、ファーストエイドおよびCPRの手当を行った人を、傷病者本人、あるいはその家族からの法的訴訟から保護するようにしたものです。しかし、このような法によって守られるには手当を行う人が守らなければならない、いくつかのルールがあります。

保護されるために

・自分のトレーニングレベルに見合った手当をします。
・手当をする前に許可を得ます。傷病者に意識がなければ、許可を得たものと考えます。
・緊急事態で手当をした時に行ったすべての行動を文書にしておきます。
・おかしいと思う場合は、必ず専門の緊急医療サービスを呼びます。
・まず生命の危険のある問題の手当をしてから、より軽傷な方の手当をします。
・自分より高いレベルのトレーニングを受けている人に決定権を渡します。

34

よきサマリア人法

・専門の緊急医療サービスが到着して引き継ぐまで手当を続けます。

トレーニングを受けた手順に従って手当を行うなら、手当をした者が法的に訴えられるのは稀です。しかしながら、手当をするかしないかを決心するのは、最終的にはあなた自身です。

セクション1
初期評価

はじめに

このセクションの内容

- はじめに：初期評価
- 現場の確認
- 自分と傷病者の保護
- 緊急隊（救急車）を呼ぶ
- 意識のない傷病者の評価
- 意識のある傷病者の評価
- 傷病者の搬送
- 傷病者の姿勢と取り扱い
- バイタルサイン（生命徴候）
- 傷病者が複数の場合
- まとめ

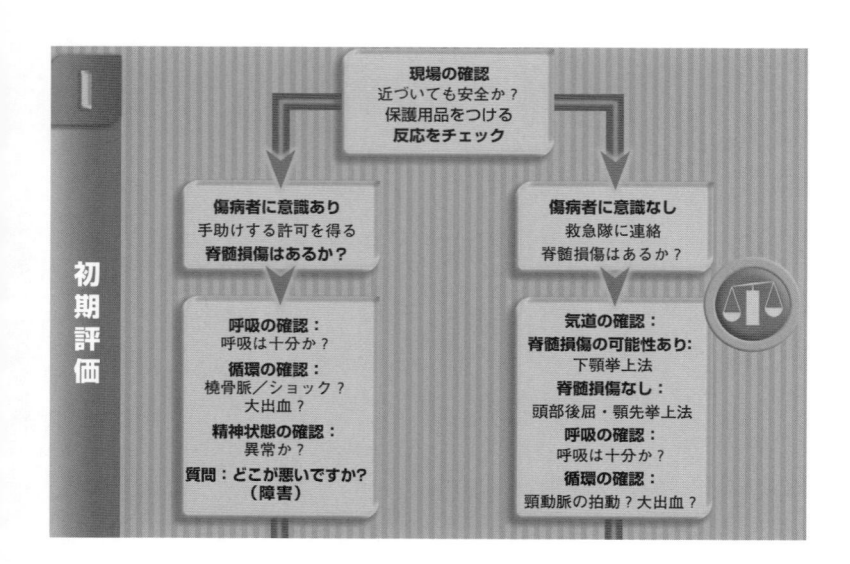

初期評価

現場の確認
近づいても安全か？
保護用品をつける
反応をチェック

傷病者に意識あり
手助けする許可を得る
脊髄損傷はあるか？

- **呼吸の確認：**
  呼吸は十分か？
- **循環の確認：**
  橈骨脈／ショック？
  大出血？
- **精神状態の確認：**
  異常か？
- **質問：どこが悪いですか？**
  （障害）

傷病者に意識なし
救急隊に連絡
脊髄損傷はあるか？

- **気道の確認：**
  脊髄損傷の可能性あり：
  下顎挙上法
  脊髄損傷なし：
  頭部後屈・頸先挙上法
- **呼吸の確認：**
  呼吸は十分か？
- **循環の確認：**
  頸動脈の拍動？大出血？

はじめに

はじめに：初期評価

初期評価の目的は、数分間で死に至る可能性のあるトラブルを見分けるためのものです。このセクションで、緊急現場に到着した時に自分と傷病者とを保護する方法、救急隊（救急車）を呼び出す状況と方法を習得します。また、意識がある傷病者や意識不明の傷病者に対して命にかかわるトラブルがあるかどうか評価する方法も学びます。動かし方、姿勢と傷病者の扱い方。また、バイタルサインの記録の仕方（バイタルサインは傷病者の状態を示すもの）も学びます。セクション2では、生命に危険がある緊急事態を安定化するのに役立つスキルを習得します。

初期評価の手順の流れを頭の中で描いておくと、何をするか思い出すのに便利でしょう。このセクションにあるスキルを本を見ないで行えなければなりません。命にかかわるような緊急事態では本を見ている時間はありません。何度か知識を確認し、繰り返し練習して、手順を暗記してしまいましょう。

緊急事態に対応する準備が心身共に確実にできているように、常にそれを復習しておきましょう。

まず優先すべきことは、事故現場を確認して何が起こったのか、何人傷病者がいるのか、傷病者にアプローチするのに安全であれば、傷害や疾病の性質、利用できる手だてを決めます。心の中に緊急時の行動計画（付録の緊急行動チェックリスト参照）を素早く作成して、近くに人がいれば役割を割り振ります。

傷病者へ近づく場合、その人が更に傷害（特に脊髄損傷）を受けないよう保護しなくてはなりません。また、感染などから自分を守らなければなりません。現場の安全を好転させるため

の行動をとります。保護用品を着用し、防護手段を使いましょう（カラーセクションの図3.1と3.2を参照）。手当てをする前に、意識のある傷病者から許可を取り付けて、法的な防衛をします。傷病者に意識がないとか、または傷病者が命にかかわると思ったらすぐに、誰かに頼んで救急隊（救急車）を呼びます。自分しかいなくて、かつ1分以内に電話で助けを呼べるのであれば、傷病者をそのままにして助けを呼んでから、ファーストエイドを始めます。

また、当面、生命の危険はないけれども、重症で治療を必要としているトラブルを見つけるために二次評価を学ぶ必要もあります。二次評価は、頭からつま先まで身体を検査することと、反応や気道の状態、呼吸、脈、出血と皮膚の状態について評価するのを学ぶ必要があります。情報収集から成ります。

傷病者を動かさなければならない場合と、動かすべきではない場合があります。各種の状況に対して有効な物理的条件があります。いつ、どのように傷病者を動かし、どのように正しい体勢にするかをこれ以降で学ぶことになります。

傷病者のバイタルサイン（脈拍数と脈の強さ、呼吸数と呼吸の強さ、皮膚の状態と目の状態）は、最初に基準となるバイタルサインを得て記録し、定期的にバイタルサインを繰り返し評価し記録し、救急隊（救急車）が到着するまで続けることは重要です。

このセクションにあるスキルを習得し終えたら、緊急時にリアクトライト（正しく対応）するようになる準備が十分整うことになるでしょう。これらのスキルをマスターするととても良いのは、こうしたスキルのおかげでストレスの多い状況でも落ち着いていられることにも有効だからです。

40

現場の確認

認識

緊急事態を示すものには以下のものが考えられます。

- 叫び声、怒鳴り声、または助けを呼ぶ声
- 火、煙または異臭
- 交通事故
- 爆発またはその他の大きな騒音
- 損傷などが疑われる事態

対応

最初の行動

行動するまで10秒待ち、その間に現場を調査して次のことを決めます。

1．傷病者に近づいても安全か。安全でないなら、安全な距離にとどまり、傷病者を元気づかせ緊急医療援助を呼びます。
2．傷病者の数はどれだけか。
3．負傷の原因または病気の性質は何か。
4．脊髄固定の必要はあるか。

その後の行動

5．利用できる手だて：助手、ファーストエイド用品、最寄りの電話。
6．緊急行動計画

禁止事項

1．可能な限り冷静になり、怒鳴らず、しっかりした声で話します。
2．近くにいる人が傷病者を知っているか、または何が起こったか知っているか尋ねます。
3．近くに医療従事者や医療的トレーニングを受けている人がいるか尋ねます。
4．責任を委任する際は、全体的でなく具体的に個人を指名します。
5．保護用品を装着してから傷病者に触れます。
6．自分より高度なレベルのトレーニングを受けた人へ責任を引き渡します。

禁止事項

・近くにいる人が傷病者を動かさないようにします。ただし、動かさなければ傷病者が危険にさらされる場合は除きます。
・傷病者または近くにいる人が暴力的であるとか興奮している場合は、その現場にとどまらないようにします。こうした状況では、警察などを呼びます。

論理的根拠

・ファーストエイド・プロバイダー自身が、自ら傷病者となってしまったら何にもなりません。
・手当をする人と傷病者の双方共に安全でなければなりません。

現場の確認

・現場や近くにいる人からの手がかりが、ファーストエイドをする場合に有益な情報になることがあります。
・ある状況に秩序をもたらすことが手当をする人の目的の一つです。状況は混乱しているのが普通です。
・迅速な行動計画を決めておくことと落ち着いて行動することは目的を達成するのに役立ちます。
・絶対に必要な場合を除いて、傷病者を動かすと脊椎損傷が後遺症になる場合があります。

自分自身と傷病者の保護

認識

考えられる危険の例を挙げると次のものがあります。

・不安定な建物または車
・火、煙、または異常な臭い
・電線
・交通
・傷病者を持ち上げたり搬送することからくる背中の損傷
・危険物
・暴力または武器
・血または他の体液
・法的な賠償責任

対応

1．現場の危険からくる傷害から自分を保護してください。現場を調査して、考えられる危険を見つけます。危険はできる限り小さくします（たとえば誰かに交通を整理してもらうとか、迂回させるなど）。自分に危険がなさそうな場合だけ、傷病者に近づきます。状況が安全でな

自分自身と傷病者の保護

ければ、距離を保ち、傷病者を元気づけ、救急隊を呼びます。

2．傷病者がそれ以上傷害を受けないようにします。危険でないところに傷病者を運び出す必要があるかを決めます。必要がなければ、傷病者を動かしてはいけません。必要であれば、傷病者を運ぶテクニックを使用します（"傷病者の搬送"参照）。

3．法的賠償責任から自分自身を守ります。傷病者に意識があれば、自分の名前と受けたトレーニングを述べて、手助けしてよいかどうか許可を取ります。傷病者が同意しないようであれば、救助するのを許可してくれるよう説得します。傷病者の希望に反するファーストエイドは行ってはなりません。意識のある傷病者の場合でも、救急隊を呼び出すのに同意は必要ありませんし、傷病者に意識がなければファーストエイドを行う同意を得る必要はありません。

4．疾病から自分を保護します。市販または間に合わせの感染防止用具を使用して体液との接触を避け、汚れたものや服は救急隊員へ渡して、ファーストエイド中は自分の顔を触らないようにして、ファーストエイドしたら、できるだけすぐに手を洗います。

5．傷病者の脊椎を保護します。傷病者が頭、首または背中に傷害を負っている（あるいは、負っている可能性がある）場合、傷病者の頭部をまっすぐになるように固定します。頭の位置を、目がまっすぐ前に向き、脊椎に垂直になるような位置にします。抵抗があるなら、見つけた時の位置で頭部を固定します。傷病者を横向きにしなければならない場合、傷病者をログロールさせます（"脊髄損傷"参照）。

禁止事項

・考えられる危険を評価しないで現場に立ち入ったり近づいたりしてはいけません。

- 軽率な行動をして、自分や傷病者の保護に失敗しないようにします。
- 当面の危険がなければ、壊れた車から傷病者を動かそうとしないようにします。
- 枝や板、またはその他の長いものを使って電線を動かそうとしてはいけません。
- 燃えている建物に入らないようにします。非常に毒性の高い煙が含まれているかもしれません。
- 傷病者を扱った後は、どんな場合でも飲食、化粧、またはコンタクトレンズをしないようにします。傷病者の体液からあなたの手に感染の可能性ある物質がついているかもしれないからです。

論理的根拠

- 自分が傷病者になってしまったら、困っている人を助けられません。
- 必要がないのに傷病者を動かせば、損傷を大きくしたり法的な責任を受けることになるかもしれません。
- 疾病は傷がなくても皮膚からうつるとか、また汚染された表面に触って、汚染物が自分の身体の粘膜へ転移することでうつる可能性があります。感染防止用具を使用しましょう！

救急隊(救急車)を呼ぶ

緊急医療サービス：救急隊（EMS）※1／救急車※2を呼ぶ必要があるか迷うならば呼びましょう！緊急事態に間違った電話などないのです。傷病者が次の症状の場合、救急隊（救急車）を呼んだほうがよいでしょう。

認識

- 呼吸困難
- 胸の痛みまたは数分間以上の圧迫感
- 激しい腹部の痛み
- 大出血
- 意識喪失
- アレルギー反応の徴候
- ショックの徴候
- 異常な精神状態
- 中毒の疑い
- 骨折の疑い
- 溺水
- 重度の熱傷

・緊急出産の徴候

※1　EMSはEmergency Medical Servicesの略
※2　日本国内では、119番通報で救急車を要請する場合、指令センターから「火事か救急」かを尋ねられるので、「救急です」と告げましょう。

対応

1・救急隊（救急車）を呼ぶのは、電話をするのがよいと決めた後の最初のステップです。まず電話をしましょう！（例外：次の場合は1分間CPRをしてから電話します。傷病者が溺死するかも知れない場合、毒を飲んだことがわかっている場合、あるいは薬物の摂りすぎの場合）

2・自分が何者か、自分のファーストエイドのレベルを明確にして、自分がその状況の主導権をとるか、それとも、もっと上の医療トレーニングを受けた人（ファーストレスポンダー、救急救命士、準医療要員（パラメディック）、看護師、医師）の手助けをするか素早く判断します。

3・自分が責任を持つなら、救急隊（救急車）へ電話する人を指名します。電話をかけ終えたら戻って、自分に報告するのかと、相手が先に電話を切らないようにさせます。その人に、何を言うよう言います。

4・自分が一人きりで、しかも傷病者に意識がなくて脊椎損傷がない場合、傷病者を回復体位にして（図1・7）救急隊（救急車）に電話し、傷病者のところに戻って救急隊員が到着するまでファーストエイドを施します。

5・可能であれば、必ず標準的な有線電話で地元の緊急連絡先にかけます。携帯電話は固定電話とは違う救急隊（救急車）につながることがありますし、それで救急隊（救急車）の対応が遅れるかもしれません。普通の電話が使えない場合は携帯電話を使用します。その地域に救急隊

救急隊（救急車）を呼ぶ

（救急車）の電話番号がなければ、オペレーターにダイヤルして地元の救急医療機関の番号を聞きます。

6・救急隊（救急車）の係に、自分の名前、正確な場所、トラブルの内容、傷病者の状態、傷病者の数、傷病者が受けている手当について伝えます。係の質問に答え、落ち着いて話をします。指名した人が救急隊（救急車）を呼んで戻ってきて、救助が来る途中だと報告してくれたら、その人を道に待たせて、救急車に合図して救急隊員が傷病者のところに直接くるように案内してもらいます。

禁止事項

・「誰か119番に電話してください」と、全体的ではなく、誰かを指名しましょう。誰かがやるだろうと思い、誰もやらないことになりがちです。

・救急隊（救急車）の受付にはあわてず大声を出さないようにします。

意識不明の成人の評価

認識

傷病者に意識がなく、反応がないように見える。

対応

最初の行動‥現場の確認("現場の確認"参照)をして感染防止用具を装着してから次のことを行います。

1. 傷病者を軽くたたいて「大丈夫ですか?」と大声で呼びかけます。傷病者に反応がなければ、近くにいる人を指名して救急隊を呼びにやります。自分一人ならば、続けます。

2. 脊椎損傷が考えられるとか、確かでない場合は、傷病者の気道を下顎挙上法で確保します(図1・1)。脊椎損傷を除外できるならば、傷病者の気道を、頭部後屈・顎先挙上法を使用して確保します(図1・2)。

3. 目で見て、耳で聞き、頬で感じて呼吸があるか確認します(図1・3)。胸(それとおそらく胃)が上下していて、傷病者の呼吸が少なくとも5秒に一度ある、または2秒に一度より多くないならば、呼吸は

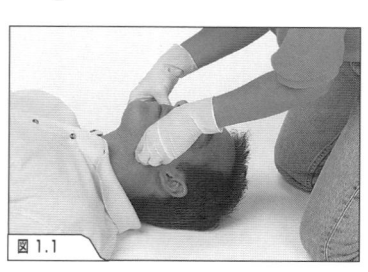

図 1.2

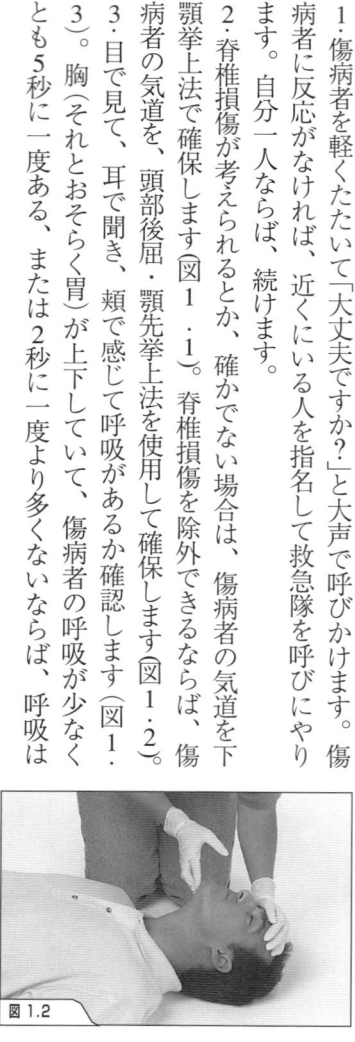

図 1.1

意識不明の成人の評価

十分です。傷病者が呼吸をしていない、または呼吸が不適当であるなら（不適当な呼吸は、呼吸の間隔が6秒以上あるか、あるいは胸の上下動が目に見えない不十分な量です）、2回息を吹き込みます（図1.4と"人工呼吸"参照）。

4・気管と首側面筋肉との間にある首のへこみで脈を確認します（図1.5）。循環の徴候（呼吸、咳込みや身体の動き）がなく、脈がないとか、助けをすでに呼んであれば、CPRを始めます（"CPR"参照）。一人しかいないなら、救急隊をできる限り早く呼んでからCPR（心臓マッサージ）を始めます。

注意：この順番を覚えておくようにABC 気道（Airway）、呼吸（Breathing）、循環（Circulation）を使ってください。

5・傷病者の呼吸が十分なら、大出血の徴候がないか全身を調べます。大出血の止血は最優先事項の一つです（"出血"参照）。

6・皮膚を見てさわり、色、体温と湿り気を調べます。傷病者が蒼ざめていて、冷たくて湿ったようなら、迅速にショックに対するファーストエイドを施します（"ショック"参照）。傷病者が極端に熱いなら、その人の体温を下げます（"熱関連の病気"参照）。皮膚の色が黒い傷病者の場合は、口内粘膜を見て青白さを確認します。

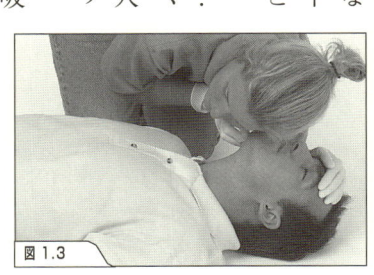

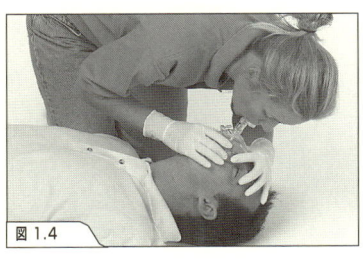

図1.4

図1.3

その後の行動

1. 救急隊員が到着するまでに時間があれば、傷病者を動かないようにしてすべての損傷の部位を露出させ、傷病者の頭の先からつま先まで調べます。

評価の際に、次の徴候を目で見て触って確認します。

- 傷
- 腫れ
- 異常(変形、挫傷、硬直、筋肉のひきつり)
- 圧痛

2. 医療警告用ブレスレットかネックレスや個人情報が分かるものを探します(図1・6)。

3. 身体検査をする際に、腕と足の感触を評価します。手と足の甲の皮膚をつねり、傷病者に何らかの反応するのは、意識がない人の脊柱が正しく稼動している徴候です。四肢の痛みに反応するのは、意識がない人の脊柱が正しく稼動している徴候です。

4. 身体検査をする際に、近くにいる人か傷病者の家族に次のように尋ねます。

- 傷病者に何らかのアレルギーがあるか。
- 傷病者が何らかの薬を使っているか。そうであれば、誰かに薬を見つけてもらって、救急隊員が到着した場合に使えるようにしておきます。

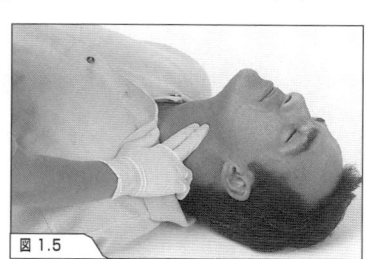

図 1.6

図 1.5

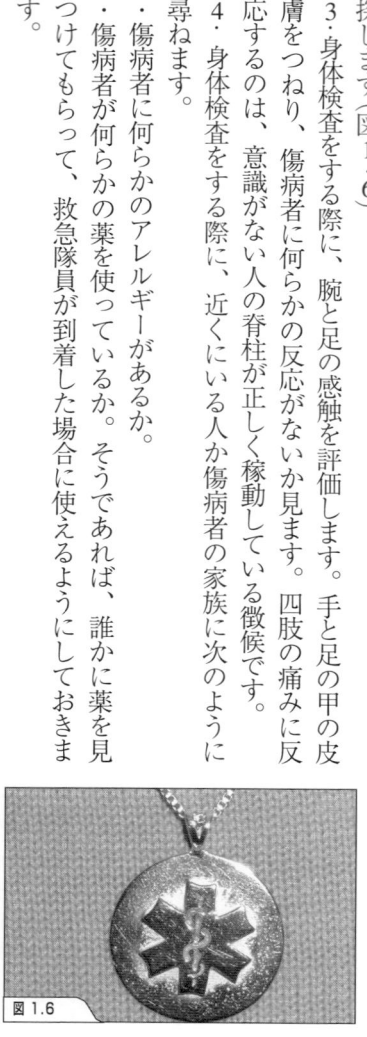

52

意識不明の成人の評価

- 傷病者に直接関係のある何らかの病歴があるか。
- 傷病者が最後に食べたものや飲んだものは何で、それはいつか。
- 緊急事態の前に起きた出来事。

5．脊椎損傷がないと思われるなら、傷病者の左側を下にした回復体位を取らせます（図1．7）。脊椎障害があるかもしれなければ、傷病者を見つけた時の体勢のままそっとしておき、傷病者の頭を中性の位置にします（図1．8および"脊椎損傷"参照）。

禁止事項

- 絶対に必要な場合以外は、傷病者を動かさないようにします。
- 意識のない傷病者に食べものや飲み物を与えようとしてはいけません。

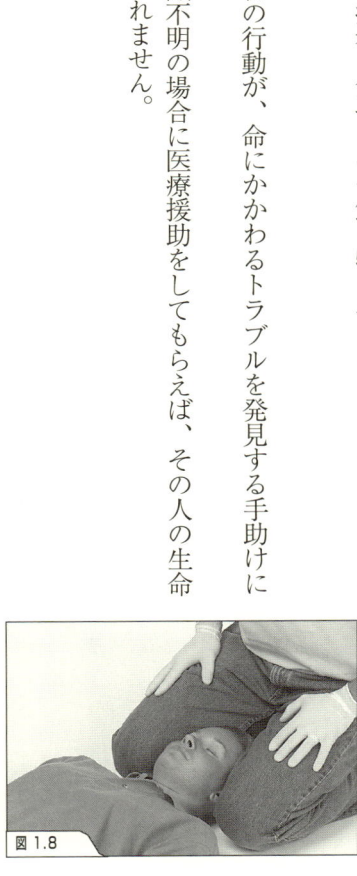

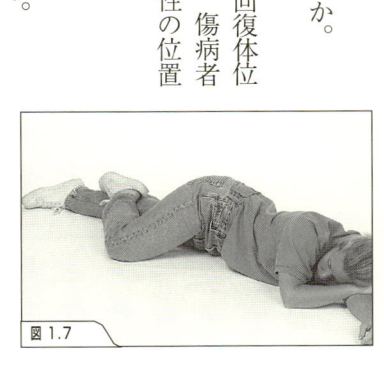

論理的根拠

- あなたの最初の行動が、命にかかわるトラブルを発見する手助けになります。
- 傷病者が意識不明の場合に医療援助をしてもらえば、その人の生命を救えるかもしれません。

図1.8

図1.7

53

意識のある成人の評価

認識

緊急事態の徴候を示すものには次のものが考えられます。

- 普通でない皮膚の色または湿り気
- 呼吸困難
- 視覚異常、または会話の異常
- 体にこわばっている部分がある
- 力が出ない、しびれ、麻痺
- 体内の持続する痛みまたは圧迫感
- 目で見える体の傷害
- 異常な振る舞い

対応

最初の行動

現場の確認をして（"現場の確認"参照）、保護用品／感染防止用具を装着したら（"自分自身と傷病者の保護"参照）、自分が誰かを伝え、手助けしていいか許可を取って以下の傷病者の評価をします。

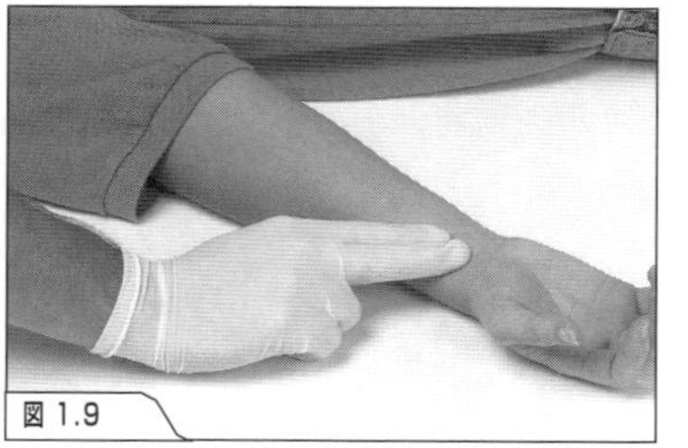

図 1.9

意識のある成人の評価

1．脊髄損傷の可能性があるか。傷病者にじっとしているよう伝え、何が起きたか尋ねます。頭または首に傷害を受けたと考えられる徴候があれば、救急隊員到着まで傷病者の頭を中性の位置に保つか、誰かに保持してもらいます（図1・8）。

2．気道が確保され開放しているか。傷病者に口をあけてもらい、腫れや血液、嘔吐物、すす、または他の物質を探します。トラブルの徴候がわかるかもしれません。胸が上下していて、傷病者が少なくとも5秒に一度呼吸していて、なおかつ2秒に一度より多くなければ、呼吸は十分です。呼吸が不適当であれば、直ちに救急隊員を呼び、しっかりと傷病者を監視します。人工呼吸が必要となることがあります。

3．呼吸は十分か。見て、聞いて頬で感じて呼吸があるか確認します。

4．脈があるか。親指の付け根のあたりの骨と手首の真中の腱の間の窪みに触れます（図1・9）。脈がなく傷病者が青白いなら、ショックに対処するファーストエイドを施します（"ショック"参照）。

5．出血。大出血の止血は最も優先される事項のひとつです（"出血"参照）。

6．皮膚の状態。皮膚を見て触って、色、体温と湿り気を確認します。傷病者が青ざめていて、冷たく湿り気があるなら、直ちにショックに対処するファーストエイドを施します（"ショック"参照）。傷病者が極端に熱いと感じているなら、その人の体温を下げます（"熱関連の疾病"参照）。皮膚が黒い傷病者は、口内粘膜を見ることで、青白さを判断します。

7．精神状態。傷病者の名前と年齢を聞き、今日が何曜日かわかるか尋ねます。傷病者にどこが悪いか尋ねます（障害があるか）言ってもらいます。傷病者がうまく答えられなければ、早急に救急隊を呼びます。

8.傷病者が呼吸困難だとか、手首で脈がとれない、ショックの徴候がある、大出血または精神状態が異常であれば、早急に救急隊員を呼びます。

その後の行動

1．救急隊員が到着するまでに時間があれば、傷病者を動かないようにして、すべての損傷の部位を露出させ、傷病者を頭の先から全身を評価します。

評価の際に、次の徴候がないか、目で見て触って調べます。

- 傷
- 腫れ
- 圧痛
- 異常(変形、打撲、固縮、筋肉のひきつり)

2．医療警告ブレスレットかネックレスや個人情報が分かるものを探します。

3．身体を調べる際に、こまめに次のことを調べます。

- 感覚
- 運動能力
- 強さ／反応(傷病者にこちらの腕を強く握らせ、傷病者の足を動かす)

4．身体を調べている際に、次のことを尋ねます。

- 傷病者に何らかのアレルギーがあるか。そうであれば、アレルギー反応の薬を持っているか尋ねます。
- 傷病者が何らかの薬を使っているか。そうであれば、誰かに見つけてもらって救急隊員が到

意識のある成人の評価

- 傷病者に直接関係する病歴が何かあるか。
- 傷病者が最後に食べたり飲んだりしたのはいつで、それは何か。
- 緊急事態の前に起きた出来事。例：傷病者が落下したなら、落下する前にめまいがしたか？
5. 目に見える身体の損傷がなければ、次のことを尋ねます。
- トラブルが緩やかに始まったのか、また突然だったか。
- トラブルを悪化させるような何か、例えば動きとか深呼吸などがあったか。
- どんな痛みか。鈍いか鋭いか？軽いか重傷か。
- 場所はどこか。痛みがどこか他にも広がっているか。
- 具合が悪くなった時期は、いつか。

禁止事項
- 呼吸困難や頭部に損傷をした傷病者の場合は、寝かせないようにします。
- 傷病者がトラブルを否定し電話をしないよう言ったとしても、重大な問題があると思われるなら、救急隊を呼ぶことを躊躇してはいけません。
- その人に処方された薬でなければ、傷病者に決して薬を与えてはいけません。
- 絶対に必要でないなら、傷病者を動かさないようにします。

論理的根拠
- 最初の行動から、命にかかわるトラブルを発見することができます。

・その後の行動で、当面の生命の危険はないけれどそうなるかもしれないトラブルを見つけることができます。自分の五感をすべて使えば、トラブルを探すことができます。
・傷病者の状態に少しでも疑いがある場合に医療援助をしてもらうことで、その人の命が救われるかもしれません。救急隊が遅れれば、悲劇的な結末になるかもしれないのです。

傷病者の搬送

認識

傷病者を動かすのが適当な状況には次の場合が挙げられます。

- 傷病者への危険が差し迫っている(交通、危険物等)
- 傷病者を動かさなければ必要な手当てができない
- 悪い環境条件から、傷病者を搬送(移動)する
- 命にかかわる他の傷病者へ、近づく必要がある
- 遠隔地から医療施設への傷病者の搬送

対応

1. 傷病者を動かす前に、あなたの計画を伝えます。
2. 傷病者を危険から遠ざけなければならないのであれば、傷病者の首と脊椎をまっすぐにして脊椎を保護します。傷病者の服を肩のところでつかむか、または足首をつかみ、その人を後ろ向きになって安全なところに引っ張ります(図1.10)。
3. その人に意識があり、補助なしでは動けず、首や背中に傷害がなければ、毛布に乗せて安全なところに後ろ向きになって引っ張ります

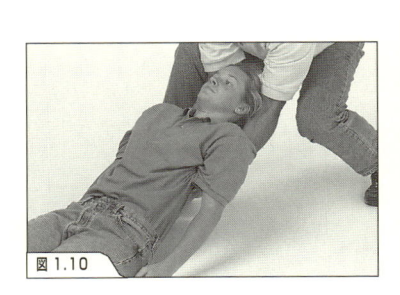

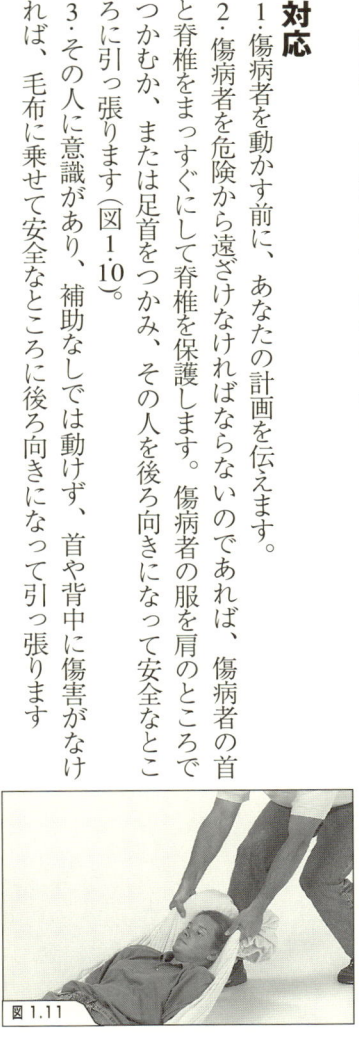

図1.11

図1.10

59

4・傷病者を持ち上げて運ばなければならないのであれば（図1・11）。

5・遠隔地から医療施設へ傷病者を搬送しなければならないのであれば、すべての負傷箇所を、動かす前と動かす間、固定しておきます（セクション3参照）

6・傷病者の状態が命にかかわるものでなくて、その人を動かす必要があり、しかも、手助けがいるならば、傷病者と同じくらいの体格の人を使って、その搬送を実施します。

7・持ち上げる際には、背中をまっすぐにして、腕を体の近くに持ってきます。

8・自分の脚を使って持ち上げ、背中を使わないようにします（図1・13）。

9・持ち上げている際に、足を軸にして回転して向きを変え、背中をひねらないようにします。

10・可能なら常に即席ストレッチャーを使います。傷病者を横向きにして、ストレッチャーを傷病者の下に置き、傷病者をストレッチャーの上に回すようにして乗せます（図1・14）。

11・脊椎損傷があるとか、またはその可能性があるなら、特別なテクニックが必要です（"脊髄損傷"参照）。

図1.13

図1.12

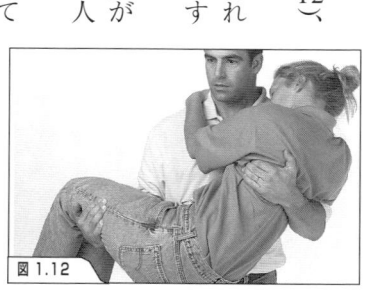

60

傷病者の搬送

禁止事項

・脊椎損傷があるかもしれない傷病者は動かさないようにします。ただし、絶対に搬送が必要なら別です。
・どのように、どこへ動かすか考えていないのであれば、傷病者を動かさないようにします。
・近くにいる人が手助けしてくれる場合は、補助なしで傷病者を動かそうとしてはいけません。

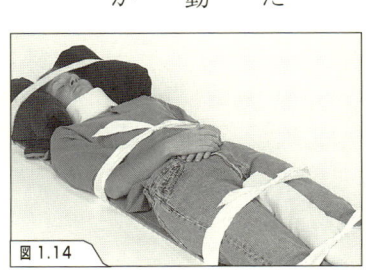

図1.14

傷病者の姿勢と取り扱い

認識

姿勢を決めるのに注意する必要のあるものには次のようなものがあります。

- 呼吸困難
- 嘔吐
- 意識喪失
- 気道内の液体
- 呼吸発作または心臓発作
- 高熱
- 頭、首または背中の傷害が考えられる場合
- 中毒
- 出血
- 骨や関節の傷害
- ショック
- 胸や腹部の損傷
- 刺し傷

図 1.15a

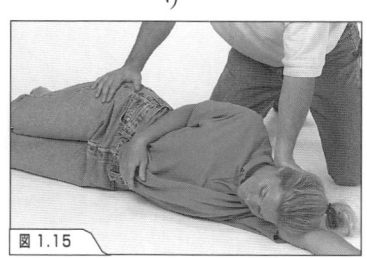

図 1.15

傷病者の姿勢と取り扱い

対応

1. 脊椎の固定は、姿勢と取り扱いに影響を及ぼすものです。できるだけ見つけた時の姿勢のままにしておきます。目が前方を向き脊椎に垂直になるような姿勢にします（"脊椎損傷"参照）。

2. 次に考慮するのは、例えば人工呼吸やCPRなどのファーストエイドができる姿勢に傷病者をすることです。傷病者はこのスキルを両方とも受けるためにも仰向けにならなければなりませんし、CPRが効果的であるためには表面が固いところでなければなりません。

3. 傷病者はやさしく取り扱います。扱いが手荒だと、悲劇的な結果を起こしかねません。

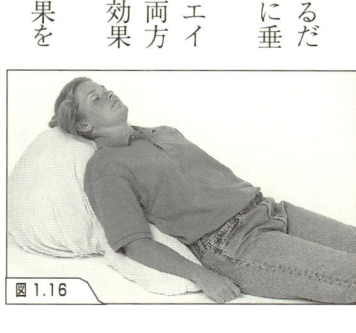

4. 傷病者の姿勢を変えるなら、その前に何をするつもりであるかを傷病者に告げます。

5. 呼吸している傷病者で、脊椎損傷がないなら、左側を下にした回復体位を取らせます（図1．7）。

6. 嘔吐している傷病者やごぼごぼ音を立てている傷病者は、横向きになるように転がして気道を清拭します。傷病者に脊椎損傷があるとか、あるかもしれない場合は、傷病者をログロール法で回します。

7. ショックを最小限にするには、傷病者を水平にします。傷病者が呼吸困難であれば、傷病者の足と脚を20〜25cmほど持ち上げます

8. 傷病者に頭の損傷があってショックの徴候がないか、あるいは熱射病の症状（"熱に関する者の頭と肩を持ち上げます（図1．16）。何の損傷もなければ、傷病

図1.16

63

疾病"参照）があれば、やや身体を起こした姿勢にさせます。

9・傷病者が胸か肋骨に損傷があるなら、または、しびれ、筋力低下や体の一方の麻痺があるなら、損傷側を下にして水平な姿勢にしてください。

10・発作を起こした傷病者は、発作が治まったらできるだけ速やかに回復体位（図1・7）にします。

11・激しい腹痛のある傷病者は、左側を下にして両膝を体の上方へ引き寄せた姿勢を取らせます。

12・損傷の部分を持ち上げて止血します（"出血"参照）。

13・蛇の咬み傷や虫刺されは、心臓より下の位置にします。

14・鼻血の傷病者は座らせ、前かがみになって血が喉に流れこまないようにさせます。

15・目を損傷した傷病者はあお向けにします（"目の傷害"参照）。

禁止事項

・固定されていない骨折、捻挫、脱臼は、持ち上げないようにします。
・重傷の足や脚を持ち上げないようにします。
・重傷の人が大丈夫だと言う場合でも、ショックの手当をしないのはいけません。
・損傷をした腕または腕の一部の位置を変えないようにします。
・上半身や腕をひねる動きはしないようにします。

論理的根拠

傷病者の姿勢と取り扱い

- 脊髄損傷がある傷病者を動かすと、麻痺を含む後遺症を引き起こす可能性があります。
- CPRには、十分に心臓を圧縮させる胸部圧迫ができるように固い表面が必要です。
- 扱いが手荒だとショックを悪化させ、場合によっては傷病者に、致命的な心律動を引き起こす可能性があります。
- 回復体位は傷病者の気道を開放し、障害物がない状態にしてくれます。
- 左側姿勢をとらせると、胃の内容物が逆流するのが最小になり、また胃の内容物が腸に移って空になるのを遅らせます。腸は身体に毒が吸収されるところです。
- 右側姿勢は嘔吐に対応したもので、吸い込まれた物を左肺から取り除いておくのに役立ちます。
- 水平姿勢をとらせると、血液が全体に行きわたるのに役立ちます。
- 足を持ち上げると、生命維持に必要な器官への循環が改善されます。頭を持ち上げると、脳にかかる圧力が減ります。
- 負傷した側を下になるようにすると、体内の血液が負傷していない側へ移動するのを防ぎます。
- 発作を起こした傷病者を横向きにすると、痙攣の際に溜まった唾液が排出され、傷病者が再び呼吸をし始めた時、その液体を吸い込むことが防げます。
- 腹痛のために横向き姿勢をとると、不快感が最も小さくなり、嘔吐に対処する役に立ちます。嘔吐はこの場合よくあります。
- 目を負傷した傷病者をあお向けにすると、目の体液の損失を防ぐのに役立ちます。
- 有毒の咬み傷と刺し傷の場所を心臓より下の位置すると、循環系に流れ込む毒の量を最も少なくできます。

バイタルサイン(生命兆候)

優先事項

最初の評価が終了し、傷病者を安定させ、身体の検査をし終わって、初めてバイタルサイン(生命徴候)をチェックして記録します。バイタルサイン(生命徴候)を「バイタルサイン記録シート」ページを参考にします。

内容

1. 呼吸数と強さ
2. 脈拍数と強さ
3. 皮膚の状態
4. 目の状態

バイタルサインのチェックと記録

呼吸の評価

1. 胸が一様に上下しているかを見ます。胸の動きがないとか、または向かい合った胸の動きが等しくないのは、呼吸が適当でない徴候です。

2. 呼吸音を聞きます。長くてゆっくりした呼吸なら、呼吸が適切である徴候です。短く、浅

バイタルサイン（生命兆候）

い呼吸や、雑音のある呼吸は呼吸が適当ではない徴候です。

3・呼吸があるか探します。空気の動きが少ないのは、呼吸が不十分な徴候です。

4・呼吸の時間を計ります。適当な呼吸は2〜5秒ごとに一回呼吸するものです。傷病者の胸か鎖骨に手をあて、15秒間呼吸回数を数え、4倍して1分間の呼吸数を求めます。

吸は、1秒に一回以上の呼吸をしている場合です。不適当な呼吸は、近くにいる人に記録してもらう。

5・分かったこととその時間（例："午後2時55分の時点で呼吸は20回、苦しんでいません"）を記録する、または近くにいる人に記録してもらう。

脈拍の評価

1・傷病者に意識があれば、手首の骨と手首の腱の間の、親指の付け根のくぼみで手首の脈を評価します（図1.9）。手首の脈が分からなければ、傷病者がショック状態だということを示しているかもしれません。

2・脈拍数の時間を計る――15秒間、心拍数を数え、4倍して1分間の心拍数を求めます。

3・脈の強さを調べます。強いか弱いか、安定しているか不規則か？

4・分かったこととその時間（例："2時55分の時点で脈は90回、安定していて弱いです"）を記録するか、近くにいる人に記録してもらいます。

目の評価

1・目を覗き込み、瞳孔の大きさが等しいかを見ます。違っていれば、傷病者にはそれが通常なのかをどうかを尋ねます。

2. 瞳孔が等しく光に反応するかを見ます。光にさらされた時、瞳孔は縮小する筈です。

3. 分かったこととその時間（例、"2時55分の時点で瞳孔は等しく、光に反応する"）を記録するか、近くにいる人に記録してもらいます。

皮膚の状態（色あい、体温と湿り気）と時間（例、"2時56分の時点で肌はピンク、温かく乾いている"、とか、"2時56分の時点で肌は青白く、冷たくて湿っている"など）を記録するか、近くにいる人に記録してもらいます。

5分毎に再び評価し、バイタルサイン（生命徴候）の記録をして、救急隊員が到着するまで続けます。

救急隊員に、あなたが記録したバイタルサインとその他の情報を渡します。

覚えましょう

傷病者を安定させて、これ以上危険がなくなってから、初めてバイタルサイン（生命徴候）の記録を取ります。

バイタルサイン（生命兆候）

付録C

バイタルサイン記録シート

傷病者名_____ 年齢_____才

日付_____年_____月_____日

場所_____

最初のバイタルサインチェック

時間：_____

脈拍数：_____／分

呼吸数：_____／分

脈の強さ：
　□普通　□速い　□弱い　□なし

呼吸の強さ：
　□問題なし　□苦しい　□右側弱い
　□左側弱い　□浅い　□雑音あり

瞳孔(眼)：
　□等しい　　　　□等しくない
　□光反応あり　□光反応なし

皮膚の色合い：_____

体温：
　□暖かい　□少し冷たい　□冷たい

取った行動：
_____
_____
_____
_____
_____
_____
_____

二度目のバイタルサインチェック

時間：_____

脈拍数：_____／分

呼吸数：_____／分

脈の強さ：
　□普通　□速い　□弱い　□なし

呼吸の強さ：
　□問題なし　□苦しい　□右側弱い
　□左側弱い　□浅い　□雑音あり

瞳孔(眼)：
　□等しい　　　　□等しくない
　□光反応あり　□光反応なし

皮膚の色合い：_____

体温：
　□暖かい　□少し冷たい　□冷たい

取った行動：
_____
_____
_____
_____
_____
_____
_____

リアクトライト・ファーストエイド／CPR　　　　**apC.1**

複数の傷病者

認識
- 明らかに複数の傷病者がいる
- さらに傷病者がいることを暗示する手がかり（服、バッグ）
- 傷病者や近くの人からの情報

対応

最初の対応
1. ただちに救急隊員を呼び、傷病者の数を報告します。
2. 全員を救助するとか、または手助けすることはできないことを認識します。
3. できるならば、近くにいる人に責任を委任します。
4. 自力で歩けるすべての傷病者に、指定された場所へ移動するよう求めます。
5. 残りの傷病者を速やかに評価します。複数いる意識のない傷病者について、呼吸があるか、脈拍と循環の徴候（"CPR"参照）があるかを確認します。複数いる傷病者が呼吸していない場合、傷病者の呼吸が1秒に一呼吸より早い場合、または循環の徴候がない場合、ファーストエイドは行いません。ただし、傷病者に付き添える手助けがいれば別です。
6. 呼吸が十分だが何もできない複数の傷病者、大出血をしている複数の傷病者、ショック症

複数の傷病者

状だと思われる複数の傷病者にファーストエイドを施します。

7．骨折や軽傷は、傷病者が複数いる場合には優先順位は下になります。

8．救急隊員が到着したら、傷病者の状態を報告します。

その後の行動

1．傷病者が複数いる事故の後に、ストレスを経験するかもしれないという心構えをしておきましょう。

2．最善を尽くして、全員を救えないことに罪悪感を抱かないようにします。

禁止事項

・複数の傷病者を伴う事故現場には潜在的危険があることに注意しましょう。
・すべての傷病者の評価をしてから、誰か一人の傷病者を対象としてファーストエイドを施します。
・傷病者に危険なものがなければ、傷病者を車から動かしてはいけません。
・燃えている建物に入らないようにします。
・電気や水道などの設備を停止しないようにします。
・電線を動かそうとしてはいけません。

論理的根拠

- 負傷や疾病の重度によって、被害者の優先順位をつけます。
- 一人に注意を集中せずに、できる限り多くの人が良くなるようにします。
- 息をしていない傷病者、重度の呼吸困難がある傷病者、または循環の徴候がない傷病者などは、手当てをしても助かりそうにありません。
- ファーストエイドをすれば最も生存する見込みのある傷病者に、使える手だてを傾注します。

覚えましょう

- 誰かの手助けをする前に、全員のABCをチェックします。
- なるべく大勢の人が良くなるようにしましょう。
- 複数の傷病者がいる場合は、全員を救うことはできないかもしれません。
- 最優先事項は、自分の安全です。

セクション1 まとめ

認識

- 現場で何か変だぞと感じることから、緊急事態の徴候が分かることが多いことに気を付けましょう。
- 47ページに掲載されている、13の緊急事態を見分けられるようにしておきます。
- 54ページに掲載されている、意識のある傷病者の緊急事態と8つの徴候を見分けられるようにしておきます。
- 62ページに掲載されている、傷病者の姿勢にかかわる要因に精通しておきます。
- 複数の傷病者がいることにかかわる手がかりを見分けられるようにします。

対応

- 2～3秒間をおいて現場を確認し、行動計画を考えます。
- 傷病者が更に損傷を受けないように、特に脊髄損傷から傷病者を保護します。いつ、どのように傷病者を搬送させるか学んでおきます。
- 肉体的損傷、疾病、法的結果を受けないように自分を守ります。
- 落ち着いて、混乱しがちな状況に秩序をもたらすように対応します。
- 近くにいる人に加わってもらい、質問します。
- 自分が担当する場合と、権限がある人に譲る場合をわきまえておきます。

- 救急隊（救急車）の呼び方と、誰かに指図して、助けを呼ぶ方法を知っておきます。
- 意識のない傷病者のために助けを呼んだ後は、必ずABCの確認　気道（Airway）、呼吸（Breathing）、循環（Circulation）を始めます。
- 意識のある人を評価する場合、ABCを確認しながら、精神状態と本人の意識を調べます。
- すぐに命にかかわるのでなければ、傷病者の頭の先から全身を調べて損傷がないか確認します。
- 負傷箇所は必ず露出させます。
- 傷病者の詳細な病歴を入手する努力をします。
- いつ、どのようにバイタルサイン（生命徴候）を調べるか知っておきます。
- いつ、どのように回復体位とログロール法を使用するか知っておきます。
- 複数の傷病者がいる場合、手当をする優先順位を決定できるようにしておきます。

禁止事項

- 搬送させていいのは、危険を回避する場合のみです。また、手荒な扱いは避けます。
- 不必要に自分を危険にさらさないようにします。
- 負傷した人に食べ物や飲み物を与えないようにします。
- 頭を負傷している者や呼吸困難の傷病者を横に寝かそうとしてはいけません。
- 薬を傷病者に与えてはいけません。
- 負傷者本人が「大丈夫」と言う場合でも、ショックへの対処をやめるのは避けます。
- 現場の傷病者をすべて評価するまで、誰か一人の傷病者にファーストエイドを行うのを避けます。

セクション2
一次安定化の スキルとテクニック

はじめに：呼吸

人体には生命維持のために酸素が必要です。私たちは、21％の酸素が含まれた新鮮な空気を吸入し、酸素のいくらかが肺から血液へ吸収されます。心臓からは、高酸素の血液が血管を通って体の細胞へ送り出されます。脳は末梢神経を経由して筋収縮を発現させ、血圧を制御します。組織は酸素を使い、二酸化炭素を作り出します。この二酸化炭素は血液によって肺へ戻されます。そして、私たちは使った空気を吐き出しますが、それにはまだおよそ16％の酸素が含まれています。二酸化炭素は血液から肺へ拡散されます。ファーストエイドの目的は、これらの生命維持過程の補助をすることで、生命を維持することです。

すぐに命にかかわる事態はどんな時にも存在します。

- 十分な酸素が肺に供給されない
- 肺から血液に酸素がいかない
- 心臓疾患のために有効に血液が送り出されない
- 血液の量が不十分である
- 血管が弛緩し、血圧が深刻な低さになる

気道は、鼻と口から肺への通り道ですが、障害物がなく開放されていなければなりません。窒息した場合は、肺を強く締め付けると

生命の危険	生命の危険なし	生命の危険
救急隊に連絡	負傷部位を出す	脊髄の安定化
脊髄損傷の安定化	負傷を評価	気道の開放
気道の確保	傷病者に質問	人工呼吸
止血	救急隊への連絡を決定	CPR
ショックへの対処		止血
		回復体位

一次安定化スキルとテクニック

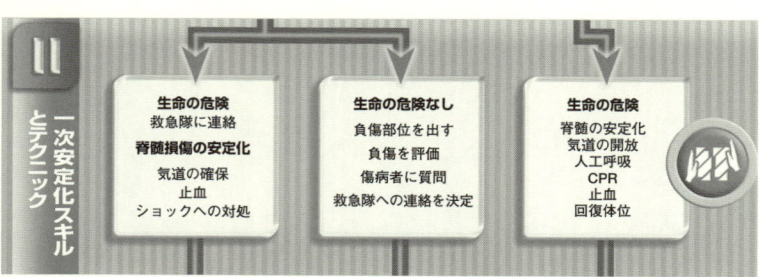

76

はじめに

呼吸停止にはいろいろな原因があります。例を挙げれば、疾病、溺れ、窒息、絞扼、中毒、感電、脳卒中、心臓発作、重度のアレルギー反応などがあります。人工呼吸によって、息をしていない傷病者の命を維持するだけの酸素が含まれています。救助者の吐き出した息には、息をしていない傷病者の命を維持するだけの酸素を供給することができます。

外傷（トラウマ）や心臓発作は心臓に物理的なダメージを与えることがあります。心臓が有効な拍出をしていない場合、血圧は低下し、体の組織に少ししか血液が届きません。この結果、生命維持に必要な器官に十分な循環がなされないショック状態となります。傷病者に迅速な医療が与えられなければ、生命維持に必要な心臓以外の器官に十分な酸素がいかないことで引き起こされる心臓発作で死ぬかもしれません。

心臓が収縮して血液を送り出すのを止めた場合、傷病者は臨床死します。心臓、脳と神経組織は酸素がなければたった数分しか耐えられません。人工呼吸は、肺に酸素を与えて血液に溶け込むようにし、また、胸の圧拍は胸骨と背骨の間の心臓を手で圧迫し、人工的に通常の約25%で血液を循環させます。人工呼吸と胸の圧拍の組み合わせは、心肺蘇生（CPR）と呼ばれ、心臓発作の傷病者の生命を救うことができるものです。

重度の失血はショックを引き起こします。ショックとは生命維持に必要な器官へ十分な循環がない状態です。ショックに対応するファーストエイドは、生命維持に必要な器官への循環を最もよくして、軽度のショック症状を呈する傷病者の回復に役立ち、重度のショック症状を呈する傷病者をより長く持たせるのに役立ちます。血圧が低くなり、ショックが引き起こされます。血圧を維持する血管の張力が低下すると、

情動ストレス、脊椎損傷、アレルギー反応、中毒などにより抑制されない血管の拡大が引き起こされることがあります。

傷害や病気の中には、生命の危険はありませんが、それでもまだ患部への酸素の運搬を妨げるものがあります。ファーストエイドによって医療による改善が得られるまで、患部に考えられる最大の酸素を送り出せるようになります。

ファーストエイドが役立つのは、身体が細胞に酸素を供給する役目をするのを助けるからです。緊急医療措置が役立つのは、それが身体に酸素を送る助けになるからです。ファーストエイド・プロバイダーとしてのあなたの行動は、生命を救う可能性があるのです。あなたの目的は身体が酸素を送るのを手助けることであるのを忘れないでください。

78

気道の傷害

気道の傷害

認識

意識がある成人の傷病者で、気道に障害がある場合の徴候には次のものが挙げられます。

- 咳こみ
- 片手または両手で喉をつかむ
- しゃべれない、または息ができない

図2.1

図2.1a

79

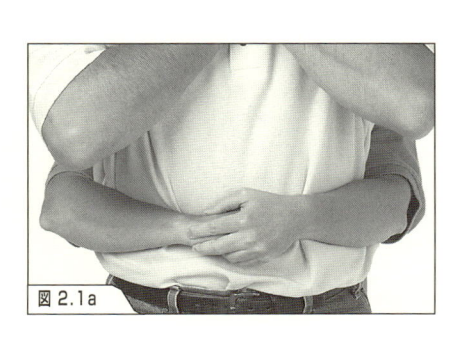

- 皮膚が青ざめている
- 意識喪失

意識のない成人の傷病者で、気道に障害がある場合の徴候には次のものが挙げられます。

- 呼吸がない
- 人工呼吸をしても胸の上下動をさせることができない（頭を再度後屈した後）

対応

意識があり、窒息していて咳き込んでいる成人の傷病者の場合
1. 傷病者に咳き込むように促します。
2. 傷病者にできるだけ息を吸い込んで咳こみをより効果的にするよう促します。

意識があり息が詰まった成人の傷病者で、咳や話、呼吸ができない場合
1. 傷病者の息が詰まっているか確認します（傷病者はうなずくことができる）。
2. 早急に救急隊を呼びます。
3. 手助けをする許可をとります（傷病者は同意したことを頷いて示すことができます）。
4. 傷病者の背後にまわり、拳の親指側を傷病者の腹部の、臍のちょっと上部に置きます（図2.1）。もう一方の手を拳の上に置きます

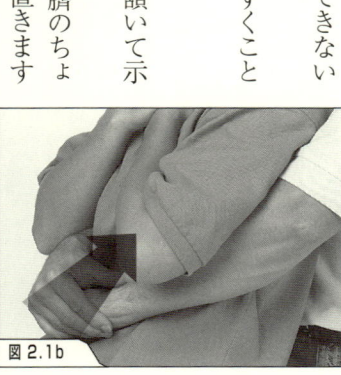

図2.1b

80

気道の傷害

(図2.1a)。

5. 片方の足を傷病者の足の間に置き、傷病者が意識を失った場合にテコにして支えます。

6. 腹部を強くはっきりと押します。内向きで上向きに与えます(肺の方へ、図2.1b)。これを、傷病者が呼吸するか、意識を失うか、または救急隊員が到着するまで続けます。

7. 傷病者が妊娠しているとか、太っている場合、腹部を押すのではなく、胸を押します。片方の拳の親指側を傷病者の胸骨の真中に置きます。もう片方の手を拳の上に置き、傷病者を強く何度も絞るように圧迫します。これを、傷病者が呼吸するか、意識を失うか、または救急隊員が到着するまで行います。

8. 傷病者が息を戻したら、緊急連絡の受付に電話して、傷病者の状況を報告します。

9. 傷病者が意識を失ったら、傷病者を自

図2.1c

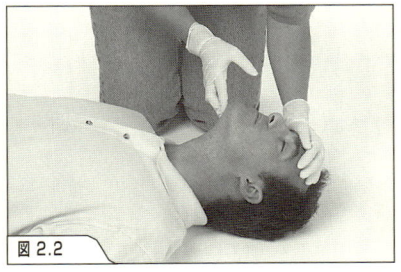

図2.2

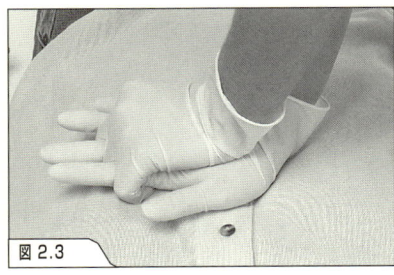

図2.3

81

分の足に沿って滑らせて、傷病者を床に仰向けににそっと横たえます（図2.1c）。意識がなくて気道に障害のある傷病者を扱う手順を始めます（次の項目）。

意識のない成人で、気道に障害物のある傷病者の場合

1・傷病者の口に、異物や液体などがないか調べます。

2・呼吸を確認します（"意識不明の評価"参照）、そして、医療援助を呼びます。

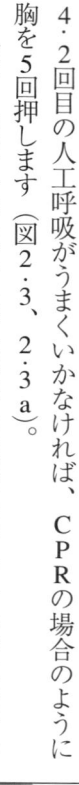

3・人工呼吸を試みます（"人工呼吸"参照）。最初に息を吹き込んでも、傷病者の胸が上下に動かなければ、傷病者の気道を調整しもう一度人工呼吸を試みます（図2.2）。

4・2回目の人工呼吸がうまくいかなければ、CPRの場合のように胸を5回押します（図2.3、2.3a）。

5・胸を5回押したらすぐに、傷病者の頭部に戻り、片手で傷病者の舌とあごを持ち上げ、障害物が見えるならばもう片手の人差し指を使って、口と喉からかき出します（図2.4）。

6・人工呼吸、胸部圧迫、指でのかき出しを繰り返します。これを、人工呼吸が成功するか、または救急隊員が到着するまで続けます。

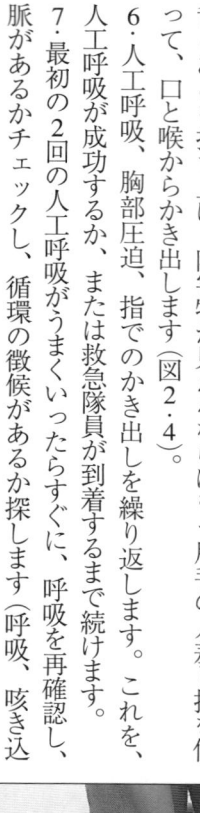

7・最初の2回の人工呼吸がうまくいったらすぐに、呼吸を再確認し、脈があるかチェックし、循環の徴候があるか探します（呼吸、咳き込

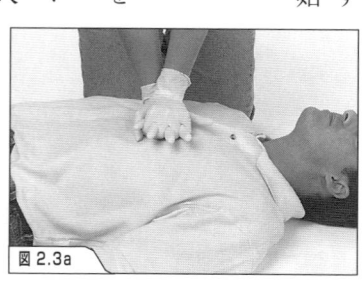

図2.4

図2.3a

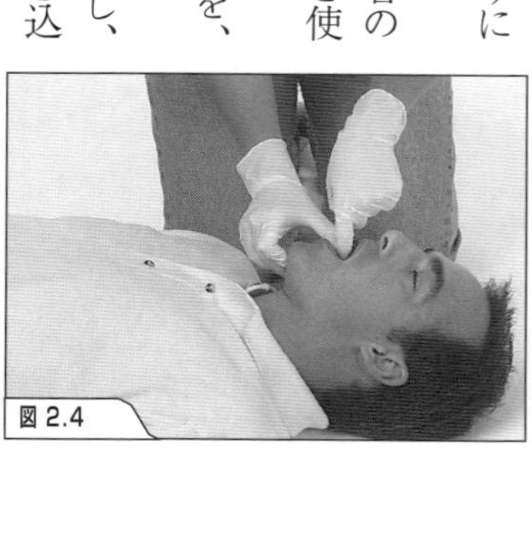

82

気道の傷害

8. 傷病者の呼吸が戻ったら、回復体位を取らせます（図1・7）。
9. 気道から障害物を除去しても、傷病者の呼吸が戻らなければ、人工呼吸を続けます（"人工呼吸"参照）。
10. 傷病者に呼吸がなくて脈拍または循環の徴候がなければ、CPRを始めます（"CPR"参照）。

禁止事項

- 息が詰まっている傷病者の背中を叩かないようにします。
- 人工呼吸は、気道をきれいにする前に行ってはいけません。
- 傷病者が意識を失うようにさせるとか、誰も付き添わないで倒れるようにしてはいけません。

理論的根拠

- 異物が気管にあると、空気の流れが妨げられます。
- 肺を圧縮すると肺の空気内圧が上昇し、それによって異物が上へ押しあげられて気道が開放されます。

覚えましょう

気道に関する緊急事態は、最も優先される事柄です。

人工呼吸

認識

人工呼吸が必要な徴候には次のものが挙げられます。

・意識不明
・唇、耳垂、頬、指やつま先の皮膚が青い
・呼吸音および胸の動きがない

対応

1．傷病者が応答するかをチェックします（"意識の喪失の評価"参照）。傷病者に反応がなければ、直ちに救急隊員を呼びます。
2．頭部か首の負傷があるかもしれない場合は、図1・1のように下顎挙上法を使って傷病者の気道を開放します。傷病者の頭を傾けてはいけません！
3．頭部または首を負傷していなければ、図1・2のように、頭部後屈・顎先挙上法を使って傷病者の気道を開放します。
4．耳を傷病者の口と鼻に近づけ、傷病者の胸の方を見ます。胸が上下しているかを見て、呼吸音に耳を傾け、頬に空気の動きを感じるか

図 2.5

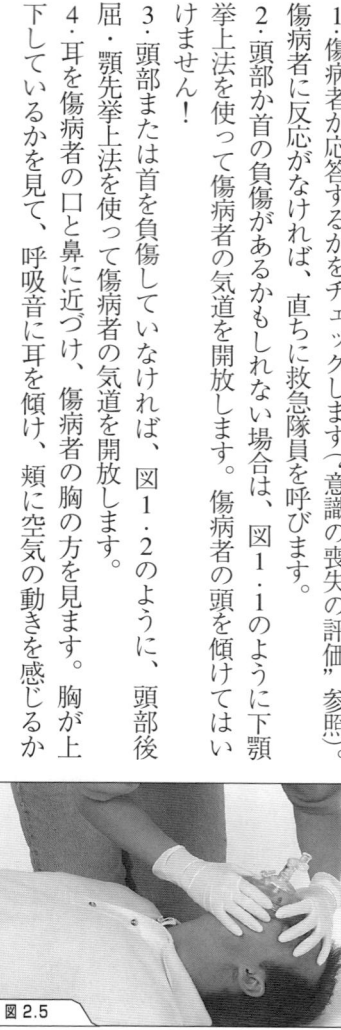

84

人工呼吸

5・傷病者が6秒の間に呼吸をしなければ、使えそうな呼吸用感染防止用具を何でも良いですから素早く準備します。(注意：人工呼吸実行前に、口腔内の障害物をチェックし、あるなら除去します)感染防止用具を傷病者の口の上に置きます。人工呼吸マスクは傷病者の口と鼻から換気します。人工呼吸シールドを使うとか、またはマウストゥマウスの人工呼吸をするならば、傷病者に息を吹き込む際には、傷病者の鼻の柔らかい部分をつまんで閉じておく必要があります(図2.5、2.5a、2.5b)。

6・ゆっくり2回息を吹き込みます(それぞれ2秒)―傷病者の胸がゆっくり膨らむだけの量―、それから、もう一度呼吸があるか目で見て、耳で聞き、皮膚で感じるようにして、その間に脈と循環の徴候(咳き込み、呼吸または体動)を10秒間チェックします(図1.5)。

7・傷病者の胸に空気を入れて、緩やかに胸を上げることができなければ、気道を調整してもう一度人工呼吸を行います。2回目もうまくいかなければ、気道の障害物を除去する手順を始めます("気道の障害"参照)。

8・傷病者に脈と循環の徴はあるけれど、呼吸が再開されなければ、5秒に一呼吸の割合で1分間人工呼吸を続け、それから再評価します。1分間の間隔で人工呼吸を続け、これを傷病者が呼吸を再開するか、

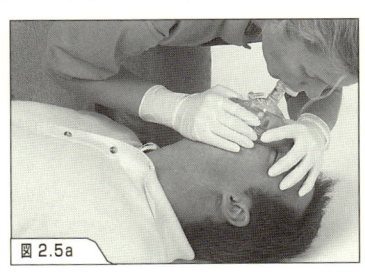

図2.5b

図2.5a

85

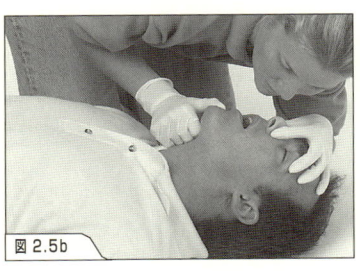

救急隊員が到着するまで続けます。息を入れていない時は鼻を放します。

9・少なくとも10秒間、脈と循環の徴候をチェックします。脈と循環の徴候がなければ、CPRを始めます（"CPR"参照）。

10・傷病者の口や喉で、ごぼごぼした音がしたり、液体があるなら、直ちに傷病者を回すか、丸太回し（ログロール）して、右側が下になるようにします（図1・15）。そして、気道から水分を排出し、再び仰向けの姿勢にして人口呼吸を再開します。

11・傷病者の口を開くことができなければ、親指側で口を覆って、鼻から人工呼吸し、これをあごが緩んで口が開くまで続けます。

12・傷病者に自発呼吸が戻った場合、傷病者を回復姿勢にします（図1・7）。ただし、脊椎損傷が疑われる場合は除きます。

禁止事項

・傷病者の首を持ち上げて気道を開放しないようにします。
・顎や首のやわらかい部分を押さないようにします。
・傷病者に空気をあまりに多く送り込もうとしてはいけません。胸が緩やかに上がってきたらやめます。
・傷病者がごぼごぼした音をたてている場合は、息を吹き込んではいけません。
・胃の空気を外に押し出そうとして、膨らんだ腹部を押し下げてはいけません。

理論的根拠

・4分以上酸素が来ないと、脳の損傷が起こることがあります。

人工呼吸

- 呼気には、呼吸をしていない傷病者を支えるだけの酸素が含まれています。
- 感染防止用具があれば、疾病が感染する危険も最小限になりますから、すぐに使用できるようにしておくべきです。
- 頭部を負傷していると首も負傷しているのが普通です。脊椎損傷のある人の頭を傾けると、後遺症を引き起こすことがあります。
- 顎や首のやわらかい部分や首を押すと、気道が妨害されることがあります。
- 傷病者に吹き込み過ぎると、胃が膨張することになり、胃の内容物がもう一度逆流するのを助長します。
- 気道に障害物がない状態にしておかなければ、胃の内容物やその他の液体を肺に吸い込むことになります。こうなると、死亡するかもしれません。

覚えましょう

A - 気道：Airwayを開放します。
B - 呼吸：Breathingを確認します。
C - 循環：Circulationを確認します。
（脈拍と出血）

- 5秒ごとに1回息を吹き込みます
（最初に2回吹き込んでから）
- 1分（12呼吸）ごとに脈と呼吸の再度確認します
- 気道に障害物がないようにしておきます
- 呼吸と循環の手当をすることが、助けが来るまでにできるすべてです。

CPR（心肺蘇生法）

認識

CPRでは、成人は8歳以上の人をさします。CPRが必要だと考えられる徴候には次のものが挙げられます。

・意識が不明である
・皮膚の色が青ざめてくすんでいる
・脈と循環の徴候（呼吸、咳き込み、または体動）がない

対応

1. 脊椎損傷の可能性があるか調べます。脊椎損傷が疑われる場合、気道を開くのに下顎挙上法（図1.1）を使います。傷病者に脊椎損傷がないことが間違いなければ、気道を開くのに、頭部後屈・顎先挙上法を使います（図1.2）。頭部を傾けて、下顎骨が地面に直角になるようにします。

2. 傷病者を評価します（"意識不明の評価"参照）。そして、呼吸がないか調べます。ゆっくりと2回（それぞれ2秒）、息を吹き込んで人工呼吸を始めます（"人工呼吸"参照）。

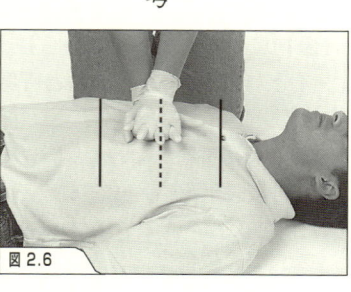

図 2.6a

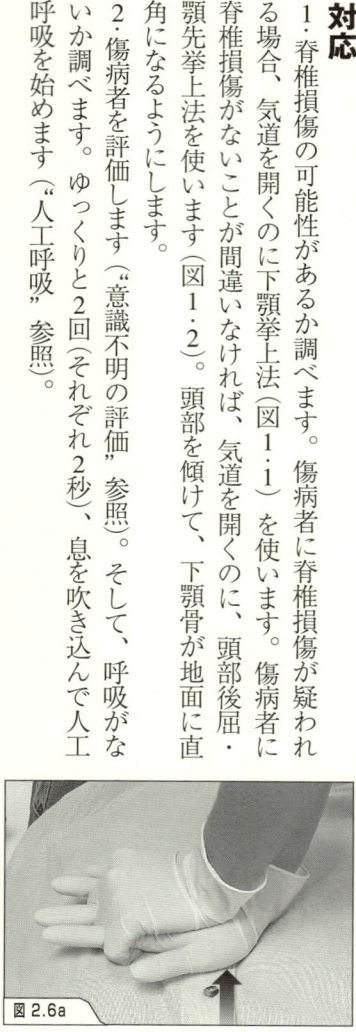

図 2.6

88

CPR（心肺蘇生法）

3・傷病者に脈と循環の徴候（呼吸、咳き込みまたは体動）がなくて、感染防止用具を持っていなくて、マウストゥマウスの人工呼吸ができないか、あるいはできても気が進まない場合で、救急隊員をすでに呼んであれば、胸の圧迫を1分に100回の割合で行うことだけで傷病者の手助けをして、これを救急隊員が到着するまで続けます。

4・息を2回吹き込んで胸が上下したなら、10秒の間、傷病者の脈と循環の徴候があるか確認します。

5・最初に息を吹き込んでも胸の上下動がなければ、傷病者の気道を調整し、もう一度人工呼吸を行います。この吹き込みもうまくいかなければ、気道の障害がある場合の手順を始めます（"気道の障害"参照）。

6・傷病者に脈や循環の徴候がなければ、傷病者の胸の真中を露出させます（必要であれば）。それから、片手をもう一方の掌の上に置き、両手を傷病者の胸骨の下半分の、胸中央部に置きます（図2・6）。手のひらの下の方だけを使って胸の圧迫を始めます（図2・6a）。

7・胸の圧迫を行っている際に、肩がまっすぐ手の上にくるようにして、腕はまっすぐ伸ばし、胸をスムーズに圧迫します（突き刺すような圧迫はしません）。手のひらの下が常に胸に接触するようにして、腰で回転して上半身の重さで圧迫の力を生み出すようにします（図2

図2.6c

図2.6b

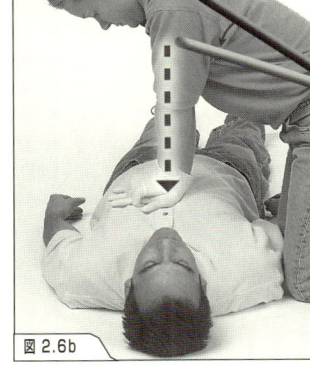

8．成人の傷病者の胸を3.5～5cm（少なくとも傷病者の体厚の1/3、図2．6c）の深さで、15回押し下げ（1分間に100回の速度圧迫）、それから2回ゆっくりとした息を吹き込みます。"いち、にい、さん、し"と圧迫を数えます。15回の圧迫と2回の吹き込みのサイクルをもう3回繰り返し、それからもう一度、脈と循環の徴候があるか確認します。

9．傷病者の脈は戻ったけれど呼吸が戻らなければ、人工呼吸を続けます（"人工呼吸"参照）。

10．傷病者の脈か循環の徴候が戻らなければ、CPRを続け、数分ごとに循環の徴候があるか再確認をします（16CPRサイクル）。サイクルの数を数えます。

11．CPRを続け、傷病者に脈か循環の徴候が戻るか、あるいは救急隊員が到着するか、トレーニングを受けた他の救助者へ交代するか、または自分が疲れきってもう続けられないかのいずれかになるまで、これを続けます。

12．傷病者に脈か循環の徴候が戻って、呼吸が再開したなら、傷病者を回復体位にします（図1．7）。

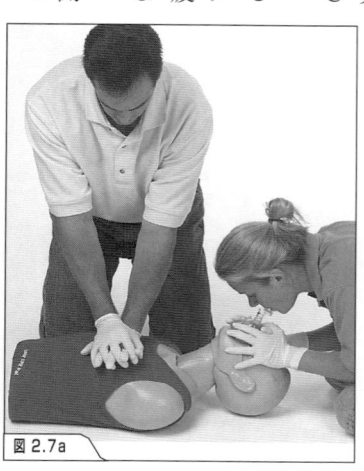

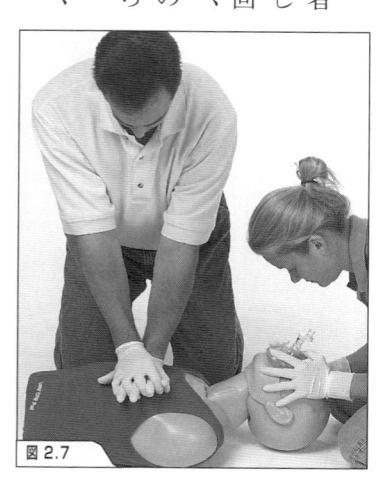

．6b）。

図2.7a

図2.7

CPR（心肺蘇生法）

救急隊員が到着するまでしっかりと観察します。

13．救助人が二人の場合のCPRは、手当を分担します。一人が15回の胸の圧迫をして声に出して数えます。2人目の救助者が15回目の圧迫のすぐ後に2回息を吹き込みます。息を吹き込んだ後に、救助者が入れ替わっても良いでしょう（図2・7、2・7a）。

禁止事項

- 脈がないかどうか、少なくとも10秒程度確認するまで、CPRを始めてはいけません。
- 胸の圧迫は強すぎても弱すぎても効き目がありません。
- 胸の圧迫をしている間は、息を吹き込まないようにします（2人の救助者によるCPR）。

覚えましょう

- CPRを始める前に、10秒程度脈を注意深くチェックします。
- CPRサイクル（15回の圧拍と2呼吸）を4回行ったら、脈と呼吸を再評価します。
- 最初に4回のCPRサイクルを行った後に、傷病者の脈が回復しなければ、数分のCPRサイクルごと後に再評価します。
- 圧迫と吹き込みの割合は、2人の救助者の場合も15：2です。

ショック

ショックは命にかかわるもので、手当が必要ですが、その初期の徴候には次のものが挙げられます。

認識

- 異常な振る舞い（落ち着きがない、イライラ、不安感）
- 皮膚が青白く、冷たく、湿っている
- 吐き気、嘔吐することも考えられる
- 脈が弱々しく早い
- 呼吸が速い

ショックが危険な段階に到達した場合の末期徴候には次のものが挙げられます。

- 極端にのどが渇く
- 眼がどんよりして、生気がなく、瞳孔が拡散している
- 皮膚が青っぽい
- 意識喪失

対応

最初の行動

ショック

1. 傷病者を元気づけ安心させます。
2. 大出血の止血をします。
3. 傷病者をやさしく扱います。
4. 傷病者を寝かせますが、呼吸困難、頭部や首または背中に負傷があるといったトラブルがある場合は別です。
5. 傷病者の足を約25 cmあげますが、以下のトラブルがある場合は別です。胸の負傷、背中の負傷、腹部の負傷、骨盤の負傷、または足の骨折がある場合。
6. 傷病者が地面に直接触れないようにし、それから外気から保護します。通常の体温を保つようにします。目標は体温の低下と悪寒を防ぐことです。

それ以外の行動

1. 傷病者に頭の負傷があるとか、呼吸困難であれば、やや身体を寝かせた姿勢にします。
2. 傷病者に意識がなく呼吸はあって、脊椎損傷の疑いがなければ、回復体位にします（図1・7）。
3. 首か背中に負傷の疑いがあると思われれば、絶対に必要がない限り動かさず、足を持ち上げてもいけません。
4. 傷病者が妊娠していれば、左側が下になるようにするか、左に傾けて足を持ち上げます。

対応が遅くなった場合

1. 治療が一時間以上遅れそうなら、意識があって、吐き気がなく飲み込める傷病者に水を飲ませてもよいです。

禁止事項

- 傷病者に飲食、喫煙をさせないようにします（"対応が遅れた場合"参照）。
- 傷病者の状態について、悲観的な意見を述べてはいけません。
- 足を30cm以上持ち上げないようにします。
- 上体を起こしてはいけません。足だけを上げます。

理論的根拠

- ショックは体の組織、特に生命維持に必要な器官への循環が十分ではないということです。
- ショックに対するファーストエイドは身体器官への循環を最大にします。
- 水平姿勢なら血液が確実に均等に供給される手助けとなります。
- 足を上げることで生命維持に必要な器官へ血液が移動します。
- 暖かくすれば悪寒が防げます。悪寒によって筋肉が活動して器官から血液を奪うとショックが助長されます。
- 元気づけて安心させれば、血圧に影響する情動を抑制するのに役立ちます。

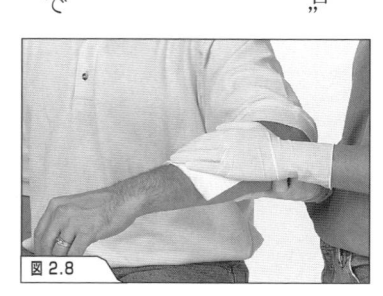

図2.9

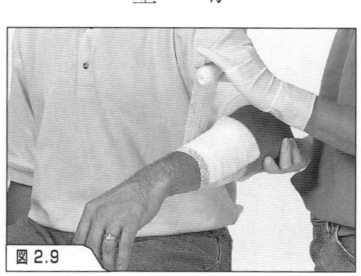

図2.8

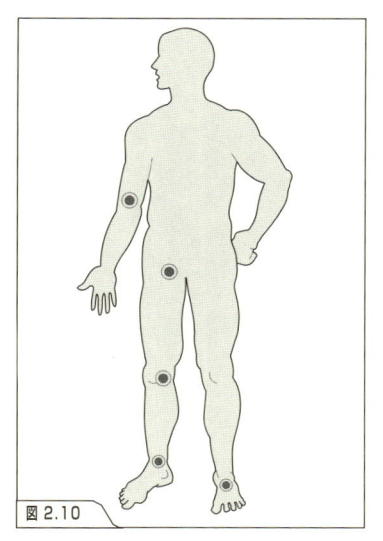

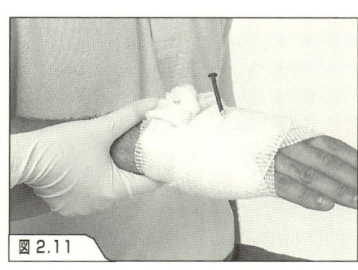

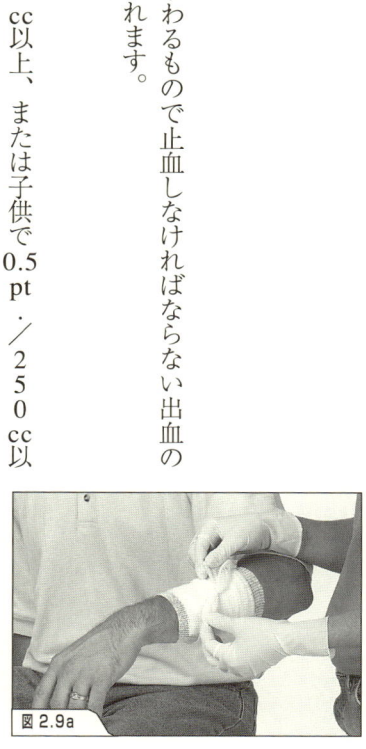

外出血

認識

大出血という、命にかかわるもので止血しなければならない出血の徴候には次のものが挙げられます。

- 血液が噴出している
- かなりの量の血液の損失

（成人で1pt./500cc以上、または子供で0.5pt./250cc以上）

- ショックの徴候（"ショック"参照）

対応

最初の行動

1・体液との接触を避けるため、手袋か感染防止用具を使います。

図2.10

図2.11

図2.9a

2．傷を露出させ、見ます。

3．滅菌した包帯材またはきれいな代用品（ハンカチ、タオルなど）を、傷にしっかりと動かないように置きます。

4．圧迫しながら、傷の部分を心臓より高い位置に上げます。直接圧迫すれば、ほとんどの出血は止まります（図2・8）。

5．出血がひどくなってきたら、救急隊（救急車）を呼びます。

6．出血が少なくなるとか、止まったら、包帯で適当な位置に包帯材を巻きます。この時、しっかりとしていてきつくないように巻きます。包帯の結び目が傷のすぐ上にくるようにします（図2・9と2・9a）。

7．出血が続くようなら、包帯の上にさらに包帯材と包帯を巻きつけます。

8．腕や足の出血が続くようなら、図2・10に見られるように圧迫点へ圧迫を加えます。

9．身体に刺さった物から出血している（図3・18）であれば、物体はとらずに、物体の周りに包帯をします（図2・11）。

10．負傷した手足を固定すれば、止血に役立ちます。

11．軽傷あるいは中ぐらいの出血では、1から7の段階に従います。

その後の行動

1．傷病者に大出血がある場合は、必ずショックに対する手当を（"ショック" 参照）。

2．傷病者にその他の負傷や具合が悪いところがないか調べます。

3．循環がなくなっていないか、または神経に損傷を受けていないか、四肢を調べます（"評価"

外出血

4. 出血が止まったら、軽傷の傷は石鹸と温かいお湯で洗い、異物を取り除き、抗菌軟膏（もしあれば）を塗り、無菌の包帯をします。
5. 血のついた包帯や感染防止用具は救急隊員に渡すため取っておきます（こうしておくと、血液の損失を見積もったり適切に危険物処理してもらうのに役立ちます）。
6. その付近をきれいにし、両手を薬用石鹸（もしあれば）で徹底的に洗います（"疾病予防"参照）。

対応が遅れた場合
"対応が遅れた場合のファーストエイド用品"

禁止事項
- 目の傷害、傷に何か詰まっている場合、頭蓋骨骨折の時は、直接圧力がかからないようにします。
- 循環しなくなってしまうので、包帯をきつく縛ってはいけません。
- 血で濡れた包帯材や包帯をはがしてはいけません。
- 突き刺さった物を抜いてはいけません。
- 圧迫点に10分以上圧迫を加えないようにします。
- 治療が必要だと思われる重傷をきれいにしようとしてはいけません。
- いきなり圧迫帯（止血帯）を使用するのは避けます。直接圧迫法を行って、出血が止まらず必

要であれば圧迫帯(止血帯)を使用します。圧迫帯(止血帯)を使用する場合は止血の止の字と使用した時刻を負傷者の額に書き、圧迫帯(止血帯)は30分に一度緩めて血液を循環させる必要があります。また、状況に応じて間接圧迫法、直接圧迫法と間接圧迫法の併用、高挙法などを使い分けて使用します。

理論的根拠

・血液内の血小板は血管をふさぎ、凝固し、健康な人なら数分で出血が止まります。但し、傷口から血が強く流れ出ていない場合です。
・直接圧迫すると、血液の流れが弱まり、凝固しやすくなります。
・持ち上げて圧迫点を圧迫すると、傷の部分の血圧が弱まり、凝固過程が促進されます。
・圧迫帯を使うと、血液の流れは完全に止まります。

覚えましょう

・まず直接圧迫します。
・次に持ち上げます。
・圧迫点はその次です。
・圧迫帯は必要な時の手段としてのみ使います。

内出血

認識

内出血は、命にかかわるもので、迅速に近くの医療施設へ搬送する必要がありますが、その徴候には次のものがあります。

- 嘔吐または咳をして血を吐く
- 体の開口部らの血液が流れる
- 身体に腫脹したり圧痛部分がある
- 腹部の硬直
- 腹部の一部がピクピクしている
- 打撲―特に胸、腹部、臀部または腿
- 外傷がない場合でショックの徴候がある（"ショック" 参照）
- 骨折

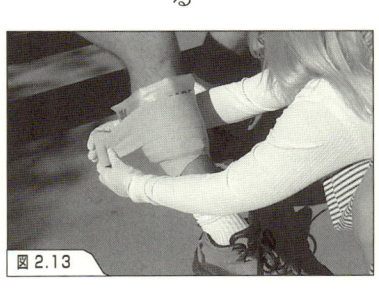

対応

軽傷の四肢内出血（打撲傷）に対する最初の行動

1. 四肢をできるだけ動かさないようにします。
2. 冷却パックにカバーをして負傷した手足の周りを20分包みます（図2.13）。

図2.13

3．負傷箇所を持ち上げます。

重症内出血に対する最初の行動
1．直ちに救急隊を要請し、受け付けてくれた人に内出血の疑いがあることを伝えます。
2．傷病者をできるだけ動かさず落ち着くようにさせます。
3．ショックに対するファーストエイドを施します（"ショック"参照）。

その後の行動
1．野外では内出血の手当てはできません。
2．傷病者の嘔吐に備えます。

対応が遅れた場合
1．治療が1時間以上遅れそうならば、吐き気がなく飲み込みができて、意識がある傷病者に、水を飲ませてもよいでしょう。
2．医療援助が遅れそうならば、搬送地点を決めて、救急隊員へ傷病者を渡すようにできるか、あるいは最寄りの医療施設へ連れて行くか手配するようにします。

禁止事項
・対応が遅れている場合を除き、傷病者に食べ物や飲み物を与えないようにします（"対応が遅れた場合"参照）。

内出血

理論的根拠

・内出血によって血液が損失すると、特に負傷部分が頭、胸、腹部、骨盤、腿などの場合、すぐに死亡する恐れがあります。
・内出血を止めるには外科手術が必要となるかもしれません。現場では内出血の手当てができませんので、最優先事項は急いで最寄りの医療施設に駆け込むことです。

覚えましょう

・大出血は命にかかわります。
・救急隊に連絡する際に、内出血の疑いがあることを伝えます。
・直ちにショックに対処するファーストエイドを施します。

セクション2 まとめ

認識
・気道に障害物がある場合の徴候を素早く見分けられるようにしておきます。
・78ページに掲載してあるショックの徴候が見分けられるようにしておきます。
・激しい、命にかかわる出血の徴候が見分けられるようにしておきます（外出血と内出血）。

対応
・意識があり窒息している傷病者の気道を開放するのに、腹部または胸の圧迫を使います。
・気道に障害物のある意識のない傷病者の場合、まず気道を開放するのを忘れず、それから再度人工呼吸を試みます。
・頭部後屈・顎先挙上法、下顎挙上法を使って傷病者の気道を開くのは、いつで、それをどのように使うかを知っておきます。
・人工呼吸をする場合に感染防止用具を使用し、人工呼吸中は気道を開放しておきます。
・ショックのファーストエイドをいつ、どのように行うのか知っておきます。
・大出血の止血をするのに、直接圧迫法、止血帯、高挙法、間接圧迫法（圧迫点）を使います。

102

セクション2　まとめ

禁止事項
- 窒息している傷病者の背中を叩かないようにします。
- 呼吸していない傷病者に、空気をあまりに多く吹き込まないようにします。
- 傷病者の身体に刺さっている物体を取り除かないようにします。

セクション3
ファーストエイド テクニック

このセクションの内容

・はじめに：
　ファーストエイドテクニック

・緊急事態と傷害のファーストエイド

・まとめ

ファーストエイドテクニック

救急隊に引き渡すまで傷病者を監視

ファーストエイド
頭部負傷
胸と腹部の負傷
筋肉、骨と関節の負傷
熱傷
突然の病気
咬傷／刺し傷
熱関係の病気

維持する
救急隊に引渡すまで
気道・呼吸・循環

気付いたことを救急隊に報告

はじめに

はじめに：ファーストエイドテクニック

このセクションで扱っているトラブルの多くは重大なものですが、通常は直ちに命にかかわる危険はないものです。時間をとって本書を参考にして、傷病者の手当をする際に案内になる方法を知ることができると思います。自分自身が一般的なファーストエイド手順に精通しておくことは重要ですが、考えられるすべての状態の詳細まで完全に憶えることはありませんし、またそうはできません。このガイドブックをいつでも置いておくようにしておきましょう。「リアクトライト」では自宅や職場、また車にこの本を置いておくようお勧めします。

傷病者の評価、気道の障害物、人工呼吸、CPRや止血のために必要なファーストエイド用品が、最低限必要です。このセクションに説明してある各種のファーストエイドキットを、十分に補充して持っている必要があるでしょう。「リアクトライト」では、付録に掲載されているファーストエイド用品と薬類を集めて、定期的に自分のファーストエイドキットに入っているものを確認するように勧めます。

腹部の緊急事態

認識
腹部の緊急事態の徴候には次のものが挙げられます。
- 腹部の打撲
- 腹部の硬直
- 腹部に圧痛と腫れがある
- 腹部の一部がけいれんしている
- 激しい腹痛
- 貫通傷
- 器官の飛び出し
- 物が突き刺さっている
- 妊娠に関する問題(出血、痛み、発作)
- 腹部を防御している(手でおさえている)

対応
最初の行動
1. 直ちに救急隊を呼びます。

腹部の緊急事態

2. 傷病者を回復姿勢にします（図1・7）。
3. 嘔吐に備えます。
4. 器官が飛び出していれば、温かく湿った包帯材で覆い、その包帯材を断熱して熱が奪われるのを防ぎます。
5. 腹部に物が突き刺さっているなら、止血と物体を固定するために物体の周囲に包帯をします。

対応が遅れた場合
1. 治療が1時間以上遅れそうならば、吐き気がなく飲み込むことができる、意識のある傷病者に少量の水を少しずつ飲ませても構いません。

禁止事項
- 対応が遅れる場合を除き、食べ物や飲み物は与えないようにします（「対応が遅れた場合」参照）。
- 突き刺さった物体を取り除いてはいけません。
- 飛び出した器官を元に戻そうとしてはいけません。

理論的根拠
- 腹痛の原因は100以上あります。
- 腹部の緊急事態は生命の危険を伴う場合があります。

覚えましょう

- 腹部の緊急事態を診断するのは難しく、また命にかかわる可能性があります。直ちに救急隊を呼びます。
- 外出血は内出血より重大ではありません。

- 現場での診断は困難です。早急に医療施設での治療が必要です。
- 突き刺さった物体を取り除くと、激しく出血し止められない原因になります。
- 器官が飛び出した場合、湿った状態で温かく保たれていれば、病院で元に戻せます。

アレルギー反応

認識

アレルギー反応の徴候で、急激に命にかかわる可能性には次のものが挙げられます。

・くしゃみと咳き込み。赤くてボツボツのある赤らんだ皮膚（図3・3）。顔、唇、舌の腫れ。むずがゆい喉。またはめまい

・呼吸困難（図3・11）、皮膚が青白い、意識がない、発作または呼吸停止（重度の場合）

注意：食べ物、薬、虫刺され、ラテックスまたは燃えた有毒植物や有毒物質の煙などによるアレルギーは、激しく命にかかわる反応を引き起こすことがあります。

対応

1. 傷病者にアレルギー反応の既往歴があるか尋ね、傷病者のアレルギー反応の徴候を観察します。傷病者に適した処方された薬を持っているか尋ね、可能であれば、その薬がどこにあるかを知っておき、すぐに使えるようにしておきます。薬の使用法を相手に聞いて、よく確認しておくようにします。

2. その反応が虫刺されによって引き起こされたと思われるなら、直ちに救急隊を呼んで刺傷（虫）のファーストエイドの手順に従います。

3. 食べ物や薬が、その反応を引き起こしたのならば、直ちに救急隊を呼びます。

4. 傷病者に重度のアレルギー反応の徴候があって—特に呼吸困難、処方された使用期限内の薬を持っていれば、傷病者が薬を飲む手助けをします(図3・6)。数分以内に補助の投薬が必要になるかもしれませんので、薬を与える場合は、医療援助が遅れないようにします。必要であれば、人工呼吸または CPR を始めます。
5. 救急隊が到着するまで、傷病者をしっかりと監視します。

禁止事項

・傷病者に処方されているのではない薬を決して与えてはいけません。
・徴候がひどくない時や、使用期限が切れている場合(図3・4)、または投薬が不明の場合は、処方されたアレルギー反応の薬を与えてはいけません。
・傷病者にアレルギー反応の徴候がある場合、直ちに救急隊を呼びます。

理論的根拠

・アレルギー反応は数分以内に命にかかわる可能性があります。呼吸と循環が使えなくなってしまうからです。
・エピネフリンという薬(図3・5)は、速やかにその影響を戻してくれますが、エピネフリンを必要ない時に与

覚えましょう

・アレルギー反応は急激に命にかかわるものになる可能性があります。
・アレルギー反応の徴候が出たらすぐに、救急隊員を呼びます。
・意識のない傷病者が医療警告タグをしていないか探します。
・ABC は手当の最優先事項です。

アレルギー反応

えたり、摂ったりすると致命的になりえます。

切断（重体）

認識
切断は身体を部分的または完全に、そして鋭く切断したとか、反対側まで潰れてしまったものです。

対応
最初の行動
1. 止血します（"外出血"参照）。
2. ショックに対応するファーストエイドを実施します（"ショック"参照）。
3. 切断された部分の手当をします。
- 切断部分を探し、清潔な水で濯ぎます。
- 清潔で乾いた包帯材で包みます。
- 包んだ部分を防水容器に入れます（図3・7）。
- 容器の上に傷病者の名前を書きます。
- 容器を氷の上または冷却パックの上に（中ではなく）置きます。
4. 傷病者と切断部分を、できるだけ早く最寄りの医療施設に連れて行きます。
5. 部分的な切断であれば、その部分をできるだけ通常の位置に近い場所に置き、動かないよ

切断（重体）

うに包帯をします。

禁止事項

・切断部分をこすったり洗ったりしないようにします。
・切断部分を湿らせたままにしないようにします。
・切断部分を氷の中に包まないようにします。
・部分的な切断を完全に分離させてはいけません。

理論的根拠

・切断された体の部分は、切断部分が清潔で乾いていて冷たい状態で保たれていれば、切断後数時間経過してもうまく接合できるかもしれません。

覚えましょう

・切断された体の部分は、分離後数時間経過してもうまく接合できるかもしれません。
・切断部分は、清潔で乾いていて冷たい状態に保ちます。

咬傷(動物と人間)

認識

咬傷は、普通は命にかかわるものではありませんが、その徴候には次のものが挙げられます。

・皮膚に咬み跡が残っているが、裂けていない(軽傷)
・皮膚が破れて裂けていて、出血を伴っている
・皮膚が破れて裂けて、肉が削がれている(重傷)

対応

最初の行動

1. 石鹸が1、水が10の溶液で早急に傷を洗い流し、圧力のある水道の水で濯ぎ(または清潔な水を充填した洗浄用注射器で圧力をかけて濯ぎ)、それを何回か繰り返します。咬み傷をこすってはいけません。
2. 止血し、滅菌した包帯材で傷の部分を軽く覆います。
3. 警察または保健所(米国では動物管理局)に咬み傷を負ったことを通知すると、彼らが動物を捕獲し、検査することができます。

覚えましょう

・咬傷は迅速に消毒し、圧力のある水で濯ぎます。
・咬傷は、できる限り消毒液で洗浄します。
・できるだけ早く医療を受けるようにします。

咬傷(動物と人間)

4．早急に治療を受けます。

対応が遅れた場合
1．咬傷を消毒剤で洗浄します。
2．最寄りの医療施設に傷病者を連れて行きます。

禁止事項
・傷病者を咬んだ動物を捕獲しようとしたり殺そうとしたりしてはいけません。
・咬傷をこすらないようにします。
・咬傷を塞がないようにします。

理論的根拠
・咬まれたことからくる細菌のために感染症になることがあります。
・動物が狂犬病にかかっているかもしれません。
・こすると負傷した組織が、更に損害を受けます。

117

呼吸困難

認識

呼吸困難の徴候(図3・11)で、急激に命にかかわるものには以下が挙げられます。

- 咳き込み、またはぜいぜいしている
- 皮膚が青白い
- うまくしゃべれない
- 呼吸するのにひどく苦労している
- 呼吸が速い
- 意識喪失
- 呼吸停止(重症の場合)
- ぜいぜい音

注意:呼吸困難には多くの原因があります。

対応

1. 呼吸困難の徴候がでたらすぐに救急隊を呼びます。傷病者に呼吸困難の既往歴があるか尋ねます。傷病者が呼吸困難用の処方薬を持っていれば、どこにあるか見つけて、救急隊員が使えるように持っています。

呼吸困難

2. 傷病者が一番呼吸しやすいと思われる姿勢を取らせます。
3. 呼吸困難が重症で、処方された有効期限内の吸入薬を持っていて、かつすぐに救急隊員が到着しないなら、傷病者が薬を使う手助けをしても構いません。
4. 救急隊が到着するまで、傷病者をしっかりと監視します。必要であれば、人工呼吸を始めます。

禁止事項
- 傷病者を寝かせないようにします（意識を失った場合は除きます）。
- 袋の中へ呼吸させないようにします。
- 傷病者が良くなるか待ってから、救急隊を呼んではいけません。

理論的根拠
- 呼吸困難によって、肺から十分な酸素が入るのが妨げられます。
- 状態が急激に悪化し、命にかかわることがあります。
- 高濃度酸素を含む緊急医療が必須です。

覚えましょう

- 呼吸の緊急事態は非常に重大です。
- すぐに救急隊を呼びます。
- 傷病者に最も楽と思われる姿勢を取らせます。

熱傷(化学物質)

認識
- 皮膚または目が炎症を起こす物質に触れた
- 痛み
- 皮膚が赤いか変色している

対応
水性化学物質による熱傷の初期行動(図3・12)

1. 保護手袋をして、使えるなら目を保護する物と顔のマスクを装着します。
2. 患部を、直ちに微温で弱い水圧の水で20分間洗い流します。流水で患部以外へ化学物質が及ばないよう気を付けます。
3. 化学物質が目に入ったら、すすぎながら傷病者にまばたきさせるか、目の開閉を繰り返させます。
4. 傷病者の汚染された衣類を脱がせます。
5. 患部に宝飾品があれば、すべて取り外します。
6. 救急隊を呼びます。

熱傷（化学物質）

乾性化学物質による熱傷の初期行動
（図3・12a）

1. 保護手袋をして、使えるなら目を保護する物と顔のマスクを装着します。
2. 残留物を皮膚から払い落とします。
3. 患部を、直ちに微温で弱い水圧の水で20分間洗い流します。流水で患部以外へ化学物質が及ばないよう気を付けます。
4. 化学物質が目に入ったら、すすぎながら傷病者にまばたきさせるか、目の開閉を繰り返させます。
5. 傷病者からすべての汚染された衣類を脱がせます。
6. 患部に宝飾品があれば、すべて取り去ります。
7. 救急隊を呼びます。

その後の行動
1. 化学物質の容器またはそれが何かなどを見つけて、救急隊にその情報を伝えます。
2. 救急隊員に、汚染された服をどうすればいいか尋ねます。

対応が遅れた場合
傷病者を最寄りの医療施設に連れて行きます。

禁止事項

- 強い水圧の水は避けます。
- 熱湯は避けます。
- 化学物質を中和させようとしてはいけません。

理論的根拠

- 強い水圧を使うと化学物質が体内へ押し込まれます。
- 冷たい水は体温を奪います。
- お湯は化学反応を加速させてしまうことがあります。
- 弱い水圧なら、化学物質が薄められます。
- 化学物質を中和すると、化学反応による熱傷を引き起こすことがあります。
- 宝石の下の腫脹は循環の妨げになることがあります。

覚えましょう

- 化学物質は、できるだけ早く水で流します。
- 患部を最低20分間はすすぎます。

熱傷（電気）

認識

- 意識の喪失が考えられると同時に、呼吸停止と心臓発作を伴う
- 電気が入った部位と出た部位が黒く焦げている傷になる（図3・13）
- 筋肉の痙攣
- 発作が起こるかもしれません

対応

最初の行動

1. 電源を切るか、電力会社に電話します。安全を確認するまでは、傷病者に近寄ってはいけません。傷病者から他の人々を遠ざけるようにします。
2. 気道、呼吸、循環を確認します。
3. 傷病者が倒れていれば脊髄損傷を疑います（"脊髄損傷"参照）。
4. 可能であれば、負傷箇所を高くします。
5. 感染症を防ぐため、熱傷の傷を覆います。

その後の行動
1. 救急隊を頼みます。
2. ショックに対するファーストエイドを行います。
3. 傷病者を頭の先から全身を評価します。それ以外の負傷をしているかもしれません（"評価"参照）。

対応が遅れた場合
1. 継続して傷病者を監視します。電流によって事故から数時間経ってから致命的な心臓の律動を引き起こすことがあります。
2. 傷病者を最寄りの医療施設に連れて行きます。

禁止事項
・棒や手足、または他の何かを使って、電線を動かそうとしてはいけません。
・内部の熱傷の場合、水を用いてはいけません。

理論的根拠
・電気が体内を通り抜けたために、生命維持に必要な器官を負傷させているかもしれません。

覚えましょう

・現場の安全を確認します。
・電源が切れているか確認してから、傷病者に近寄ります。
・電気が通っている電線でも、アークやスパークは必ずしもありません。
・損傷の75％は体内で生じます。

熱傷（電気）

- 電流は神経と血管を通って流れ、神経と循環の損傷を引き起こすかもしれません。
- 重傷の電気熱傷による損傷は、その75％が体内に生じます。
- 重傷の電気熱傷に水を用いると、感染症の危険が高まります。
- 電気による傷害は、最初に負傷してから数時間経ってから心臓の律動に問題を引き起こすことがあるので、医師に診てもらうことが重要です。

熱傷（熱）

認識

熱による熱傷の徴候には次のものが挙げられます。

- 軽度の熱傷—赤みがある、少し痛みがあり腫れている（図3・14と3・14a）
- 中度の熱傷—赤みがある。水ぶくれ（すぐに生じない可能性が高い）。皮膚が濡れたようで、粘液を伴う。強い痛み（図3・15と3・15a）
- 重度の熱傷—皮膚が乾いて、黒く焦げていて、堅い。熱傷の周囲だけが痛む（図3・16と3・16a）

重大／深刻な熱傷は、すぐに治療が必要ですが、その徴候には次のものが挙げられます。

- 顔や頭、胸、手、足または性器の熱傷
- 軽度の熱傷で、身体の50％以上に及ぶもの
- 中度の熱傷で、成人の身体の30％以上に及ぶもの（60歳を越えているなら20％）
- 重度の熱傷で、成人の身体の10％以上に及ぶもの（60歳を越えているならそれ以下）

対応

最初の行動

熱傷（熱）

1. 火を消すか、または熱源を取り除きます。自分の安全が第一なことを忘れないでください。
2. 軽度または中度の熱傷の場合は、直ちに冷水で冷やします。患部をすすぐか水に浸します。
3. 患部から服を切りとります。皮膚にへばりついて溶けた服の周りを切ります。
4. 熱傷は10分まで冷やします。傷病者が寒さで震え始めたら冷やすのをやめます。
5. 宝飾類があれば、患部から取り去ります。
6. できれば患部を心臓より上に持ち上げ、腫れを和らげます。
7. 患部を食物用のラップか清潔な布で覆います。

その後の行動
1. ショックに対するファーストエイドを実施します。
2. 気道と呼吸を監視します。

禁止事項
- 皮膚にへばりついた服は、引っ張らないようにします。
- 熱傷患部を冷やすために氷を使ってはいけません。
- 中度または重度の熱傷に水以外は使ってはいけません。
- 湿り気のある包帯材を熱傷の上に長いこと置きっぱなしにしないようにします。
- 熱傷をきつく包まないようにします（腫れに対して余裕を考える必要があります）。
- 水ぶくれを破ってはいけません。

理論的根拠

・熱傷は皮膚と組織に損害を与え、腫脹を引き起こし、これが循環の妨げになることがあります。

・冷やすことで組織の損傷の程度が和らげられます。
・持ち上げることで腫れが和らぎます。
・冷やしてから覆うことで痛みや体液の損失、感染症の危険が小さくなります。
・皮膚にへばりついた服の周りを切り、皮膚に手をつけない状態にしておけます。
・水以外のものを使うと、熱が封じ込められて、感染症の危険が高まる可能性があります。

覚えましょう

・火元を止め、熱傷を冷やし、熱傷を覆います。
・重度の熱傷には、冷たい水以外のものは使用してはいけません。
・重度の熱傷はすぐに医師に診てもらう必要があります。

熱傷（日焼け）

認識

日焼け（図3・17）の特徴には次のものが挙げられます。
- 軽度の日焼け—赤くなる、中くらいの痛み、腫れ
- 重度の日焼け—赤くなる。水ぶくれ（すぐに生じないかもしれない）。皮膚が濡れてねばねばしている。ひどい痛み

日焼けで、すぐに治療が必要なものの特徴には次のものが挙げられます。
- 軽傷の日焼けで、身体の50％以上に及ぶもの
- 中度の日焼けで、成人の身体の30％以上に及ぶもの（60歳より上なら20％）

対応
最初の行動
1. 更に皮膚が痛めつけられないように、傷病者を日の当たらない場所へ移します。
2. 冷たいシャワーか濡れたスポンジで体を拭いて傷病者の皮膚を冷やします。

その後の行動
1. 処方薬ではない日焼けスプレーや軟膏は、軽度の日焼けなら使っても構いません。
2. 処方薬ではない抗ヒスタミン剤は、かゆみを減少します。
3. 処方薬ではないイブプロフェンは痛みと炎症を和らげるのに役立ちます。
4. 水ぶくれになった皮膚は感染症を防ぐために、清潔な包帯材で覆います。

禁止事項
次の行動は避けます
・水ぶくれを破る
・日に焼けた皮膚を剥ぐ

理論的根拠
・冷やすことで組織の損害量を減らします。
・水ぶくれになった皮膚を冷やした後に覆うと、体液の損失と感染症の危険が小さくなります。

胸部の負傷

認識

胸部の負傷という緊急事態の徴候には次のものが挙げられます。

- 打撲傷
- 呼吸困難
- 肋骨の痛み
- 貫通創
- 物が刺さった

対応

最初の行動

1. 直ちに救急隊を呼びます。
2. 傷病者に最も楽と思われる姿勢をさせます。
3. 肋骨に負傷があれば、傷病者に損傷したところに枕か毛布を抱かせるか、損傷の箇所を支えるために枕の上に寝かせます（図3・19）。
4. 胸に物が刺さっているなら、その周囲に包帯を巻いて、止血し、物体を固定します。
5. 傷病者の胸に穴があいていて、泡になっていたり異音がしているならば次のようにします。

- 傷病者が息を吐いてから、穴を気密性のカバーで覆います。
- 呼吸が困難になったら、傷病者が息を吐いたらカバーを取り除き、過剰な空気が出るようにさせ、それからもう一度、傷を覆います。

対応が遅れた場合
1. 毎時間咳をするようさせて、肺をきれいにしておきます。
2. 傷病者が口からどろどろした分泌物が出たなら、蒸気を吸い込ませます（あれば）。
3. 傷病者を最寄りの医療施設に連れて行きます。

禁止事項
- 食べ物や飲み物を与えないようにします。
- 刺さった物を抜いてはいけません。

理論的根拠
- 胸の負傷によって肺が潰れてしまうことがあり、肺への出血や心臓への損傷を引き起こします。
- 刺さった物体を取り除くと、出血が止まらない可能性があります。
- 胸の穴を塞ぐと、呼吸が改善される可能性がありますが、負傷した肺への逆止弁効果のために圧力が蓄積し、呼吸や循環が妨げられる可能性もあります。

胸部の負傷

・圧力を解放すると一時的に問題を改善することがあります。

覚えましょう

・胸の負傷は命にかかわることがあります。
・刺さった物体の周囲の包帯をして動かないようにします。

脱臼

認識
脱臼は関節で起こり、後遺症となる可能性があるものですが、その特徴には次のものが挙げられます。

- 関節が変形している
- 激しい痛み
- 負傷した身体部位を動かせない

対応
最初の行動
1. 傷病者を完全に調べてから、脱臼箇所を確認しますが、他に損傷がないことがはっきりしている場合は、その限りではありません。
2. 負傷を調べる時は、患部を露出させます。損傷をした手足の感覚と動き、強さ反応をチェックします。
3. ショックに対するファーストエイドを実施します（"ショック"参照）。
4. 救急隊員が到着するまで、負傷箇所を支えます。
5. 救急隊が遅れそうな場合にのみ、間に合わせの副子を作り、脱臼を固定します。

脱臼

6．脱臼に副子をする必要があれば、発見した時の位置で損傷をした、関節の骨の上下を固定します（図3・22）。

7．氷または冷却パックに覆いをして20分間患部に当てると、腫れが和らぎ痛みも小さくなります。

対応が遅れた場合

1．数時間も医療手当てができない場合や、脱臼した関節より先に循環しない場合、以下の関節を元の場所に戻すように試みます。指、膝蓋骨、肩の関節。脱臼している部分をゆっくりと関節から離れるように引っ張り、やさしくゆっくりと元の場所に戻します。

2．膝または股関節の脱臼を、通常の位置に戻そうとしてはいけません。

禁止事項

・関節を元の状態に戻そうとしてはいけません。ただし、重大な状況では別です（対応が遅れた場合参照）。

・脱臼の可能性があれば、動かしてはいけません。

・温めてはいけません。

・皮膚に直接氷を当てないようにします。

・20分以上冷却パックを当てないようにします。

理論的根拠

・脱臼によって、神経や血管が締め付けられ、損傷が引き起こされる可能性があります。
・脱臼した関節を動かすと、後遺症になることがあります。
・可能であれば必ず、救急隊員に脱臼の措置をしてもらいます。

覚えましょう

・救急隊が遅れそうで、傷病者を動かさなければならない場合のみ、脱臼を固定します。
・固定する前と後に手足を調べます。
・可能であれば必ず救急隊員に脱臼の手当てをしてもらいます。

目の負傷

認識
・目の周りの打撲（図3・23）
・目の損傷
・目に痛みがある
・物が刺さっている
・視力が変わる、または見えない
・目が飛び出している

対応
打撲の場合（黒目）
1．氷または冷却パックを覆ってやさしく患部に当てます。
2．直ちに医師に診てもらいます。

切り傷の場合
1．両目を包帯材で覆い、やさしく動かないように包帯します（図3・23）。
2．直ちに医師に診てもらいます。

化学物質による炎症の場合
1. 目の患部をぬるま湯で洗い流し、これを少なくとも20分間続けます。
2. 濯いでいる間、目の開閉を繰り返します。傷病者にできるだけ目をぐるりと回すように指示します。
3. 問題ない目の方に水をかけないようにします。
4. 直ちに医師に診てもらいます。

物が刺さった場合
1. 物体の周りに包帯材をして固定し、包帯材にやさしく包帯を巻きます。物体があまり長くなければ、紙コップを逆にしてそれにかぶせて、そのカップが動かないように包帯を巻きます（図3・24）。
2. 損傷をしていない方の目を覆って、目の動きがないようにします。
3. 直ちに医師に診てもらいます。

目が飛び出している場合
1. 包帯材を湿らせて飛び出した目に当てて、紙コップを逆にして覆い、損傷をしてない方の目は、乾いた包帯材で覆って、それから包帯材が動かないように包帯を巻きます。
2. 直ちに医師に診てもらいます。

注意：目を負傷している傷病者は仰向けにします。

目の負傷

対応が遅れた場合
1. 傷ついた目に1時間に一度、きれいな水をやさしくかけます。
2. 目に炎症を起こした場合は、傷病者にサングラスをかけさせます。

禁止事項
- 目に刺さった物を取り除こうとしてはいけません。
- 目が炎症を起こしている場合、コンタクトレンズをつけたままにしないようにします。
- 傷病者に目をこすらせないようにします。
- 治療が遅れてはいけません。

理論的根拠
- 目の負傷が見て分かる場合は、見えない内部の負傷ほど重大ではありません。
- 負傷した目を保護し、迅速に治療を受けさせます。
- 医療手当ての遅れは、失明という結果になることがあります。
- 顔を上に向ける姿勢なら、目の内部の体液が流れ出るのを防げます。

覚えましょう
- 直ちに医師に診てもらいます。
- 可能であれば、コンタクトレンズを外します。
- 両目を覆って、できるだけ目を動かさないようにします。
- 傷病者を仰向けにします。

目の断面図

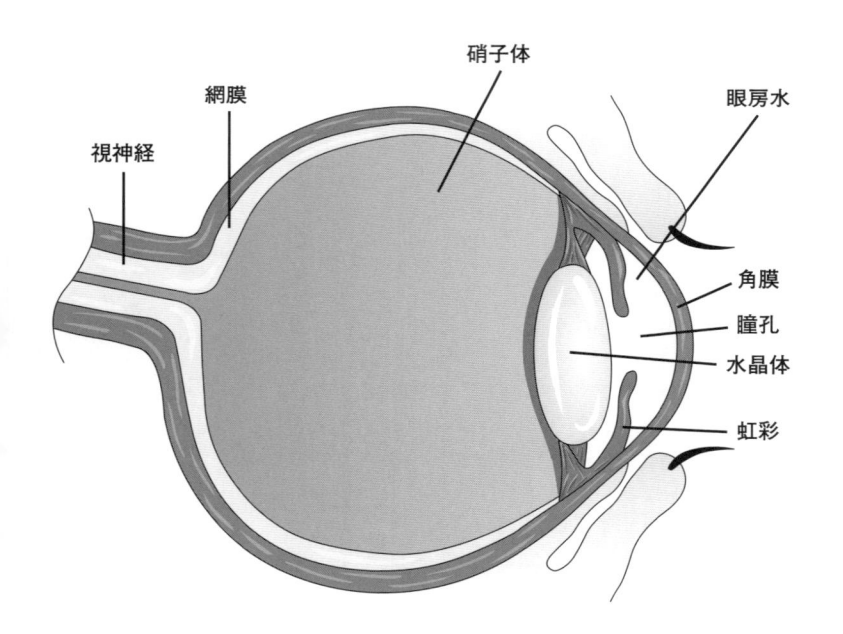

- 硝子体
- 網膜
- 視神経
- 眼房水
- 角膜
- 瞳孔
- 水晶体
- 虹彩

失神

認識

失神の徴候(頭部の負傷がない場合)は、重大ではありませんが、傷病者が転倒によって負傷した場合は別です。この徴候に含まれるのは次のものです。

- 頭がくらくらする場合やひどいめまい
- 視覚障害
- 吐き気や嘔吐
- 皮膚が青白く冷たくて湿っている
- 虚脱
- 短時間の意識喪失

対応

1. ABCを確認します。
2. 応答するかどうかチェックします。傷病者はすぐに意識を取り戻すはずです。
3. 傷病者が負傷しているとか、すぐに返事をしなければ、救急隊員を呼びます。
4. 傷病者を回復体位にします(図1・7)。
5. 嘔吐した場合に対処する準備をしておきます。

6．傷病者が通常の感覚であれば、数分間、姿勢を正して座らせて、症状がまた出るか見ます。

7．傷病者が繰り返し失神するようであれば、ショックに対するファーストエイドを引き続き実施します。

禁止事項
・失神しそうな傷病者が、頭を膝の間にして座らないようにさせます。
・傷病者を保護せずに倒れさせてはいけません。
・傷病者の顔に水をかけたり、平手打ちしてはいけません。
・刺激のある吸入剤を使ってはいけません。
・傷病者が飲み込めるようになるまで、食べ物や飲み物を与えないようにします。

理論的根拠
・失神は、一時的に脳への血液の流れが中断した場合に起こります。
・傷病者が失神し水平な姿勢になると、脳へ血液が流れることによって神経システムがリセットされ、急速に回復します。

骨折

認識

骨折の徴候で、後遺症になるものには次のものが挙げられます。

・痛みと圧痛
・変形
・腫れ
・負傷した身体部位が使えない
・きしむ感覚

重傷の骨折の徴候には次のものが挙げられます。

・骨が皮膚を突き破って出ている（開放骨折）
・手足の感覚の喪失や動きの喪失

注意：骨折とひどい捻挫は、レントゲンがなければ見分けることはできません。ひどい捻挫は骨折として手当をしてください。

対応
最初の行動
1. 傷病者を完全に調べてから骨折を見ます。ただし、骨折に大出血がある場合は別です。
2. 負傷の評価をする際に、負傷箇所を露出します。極端な負傷箇所の感覚、動き、強さ／反応をチェックします。
3. 出血は何であれ止血します（"外出血"参照）。
4. 腕に骨折があれば、指輪や腕輪を外します。
5. ショックに対するファーストエイドを施します（"ショック"参照）。
6. 救急隊員が到着するまで、負傷箇所を支えます。
7. 救急隊員が遅れそうな場合のみ、即席の添え木を作って骨折を固定します。
8. 骨折に副子をあてなければならないのであれば、骨折した部分の上下の関節（図3．25．3．25ａ）か、負傷した関節の上下の骨を見つけた位置で固定します。副子を当てる前と後に感覚、動き、強さを確認します。副子を当てると感覚、動き、強さが変わるようであれば、副子を弛めます。
9. 前腕もしくは下脚に副子をしなければならないのであれば、手足の両側に副子をして、回転しないようにします（図3．26）。
10. 氷または冷却パックで覆って20分間当てると、腫れを和らげ痛みを小さくするのに役立ちます。

対応が遅れた場合

骨折

1. 救急隊が数時間遅れて、ひどい変形があるか、骨折した部位より先に循環がいかないのであれば、骨折した骨を元の位置に戻すように試みます。骨折部の上下を掴んで、腕の先端の方向へ一定の力を加えて、それから引っ張ったまま、その部分を普通に並ぶように静かに動かします。

2. 傷病者が痛みに耐えられないとか、または2回やってみてもうまくいかないなら、骨折を元の位置にしようとするのはやめます。傷病者が膝を負傷しているなら、脚を引っ張るのはしないようにします。

禁止事項

・命にかかわるトラブルの手当をする前に骨折の手当をしないようにします。
・骨を元の位置に戻そうとしないようにします（"対応が遅れた場合"参照）。
・傷病者の体に骨を押し戻そうとしてはいけません。
・開放骨折を引っ張ってはいけません。
・副子をしていなければ、骨折と考える箇所を持ち上げてはいけません。
・温めないようにします。
・皮膚に直接氷を当てないようにします。
・冷却パックを20分以上当てないようにします。

覚えましょう

・骨折と思われる箇所を固定するのは、救急隊が遅れそうで、傷病者を動かさざるを得ない場合のみです。
・固定する前後に、手足を調べます。
・可能であれば必ず救急隊員に骨折の措置をしてもらいます。

理論的根拠

・骨折は神経と血管に損害を与えることがあります。
・折れた骨を動かすと更に損傷を与え、後遺症になることさえあります。
・可能であれば必ず、救急隊員に骨折の措置をしてもらいます。

凍傷

認識

軽傷の凍傷で、重大ではないものの徴候には、次のものが挙げられます。
・身体に冷たくて感覚のない部位がある
・患部の皮膚がろうのように見える（図3・27）
・身体の部分にひりひり感や刺すような感じ、うずくような痛みがある
・患部の部位が変形しやすい

重傷の凍傷で、重大なものの徴候には次のものが挙げられます。
・痛みのない身体の部位で、固く感じるもの
・再度温めた後に水ぶくれになるもの

対応

最初の行動

1．温かい場所へ傷病者を静かに移動します。足に凍傷があったり低体温症の傷病者はかかえて運びましょう。寒さにかかわる傷害を受けた傷病者はやさしく扱います。
2．低体温症（ハイポサーミア）の症状があるか調べます（"低体温症：ハイポサーミア"参照）。
3．できるだけ早く傷病者を最寄りの医療施設に連れて行きます。

4. 負傷箇所の循環を妨げそうな物があれば取り去ります。

対応が遅れた場合
1. 医療施設まで1時間以上かかるのであれば、自分の肘を入れても我慢できる熱さのお湯の中で患部を暖めます。患部がやわらかくなったら暖めるのをやめます（15～45分）。
2. 指と足指を清潔な包帯材で分けるようにして、凍傷部位が崩れていればそれを覆います。

禁止事項
次の行為は避けます。
・凍傷した部位をこすったり動かしたりしてはいけません。
・医療施設を利用できる場合は、凍傷箇所を暖めてはいけません。
・再度凍りそうな場合は、凍傷箇所を暖めてはいけません。
・凍傷の傷病者に喫煙させないようにします。
・凍傷の傷病者にアルコールまたはカフェイン飲料を摂取させないようにします。
・あなたの身体を使って凍傷箇所を暖めてはいけません。

理論的根拠
・組織内に氷の結晶が生じると、それが膨張して組織が傷つけられます。
・氷の結晶が鋭いと、動けば更に損傷が引き起こされます。
・暖めると、体液が負傷した組織内に蓄積されます。

凍傷

・体液が多すぎる凍傷箇所を再び凍らせると、より重傷になる可能性があります。
・素早く暖めるのが望ましいといえます。
・あなたの体を使って凍傷箇所をとかすとか暖め直すのは、効果が遅い上に望ましくありません。
・タバコ、アルコールそれとカフェイン飲料は循環に望ましくない変化を引き起こします。

頭部の負傷

認識

頭部の傷害には、開放性の場合も閉鎖性の場合もあり、また命にかかわるものもありますが、その初期症状には次のものが挙げられます。

- 精神状態が異常である
- 傷口、耳または鼻から血または透明な体液が流れ出ている（図3・28）
- 脊髄損傷の徴候（"脊髄損傷"参照）
- 頭蓋骨が腫れている、圧痛がする、また、窪んだ部分や柔らかい部分がある
- 嘔吐
- 意識の喪失

頭部の負傷で後になって出る徴候には次のものが挙げられます。

- 精神状態の変化で、闘争的になるものを含みます
- 意識の喪失
- 呼吸のトラブル
- 脈が遅いとか、変化する
- 発作
- 視力異常（二重に見える、両眼が一緒に動かない）
- 言語障害

頭部の負傷

- 瞳孔が同じでない

注意：乗り物酔いの人や経皮スコポラミンを使っている人は、片方または両目に触れると、瞳孔が同じように拡散しないことがあります．

- 記憶の喪失
- 平衡感覚の喪失
- 筋力低下または麻痺
- 目の周りまたは後ろの打撲傷

対応

最初の行動

1．救急隊を呼びます。負傷の原因を求めて、近くにいる人に質問します。事故のために首に負傷が起きているかもしれないとか、何が起きたかわからなければ、傷病者に脊髄損傷があると仮定します（"脊髄損傷"参照）。

2．傷病者が危険な場所にいて移動させなければならないなら、傷病者の身体を真っ直ぐにしたまま、安全な所に静かに引っ張って行きます。

3．傷病者の頭部を中立の位置に安定させます（図1・8）。手や膝、物を使って傷病者の頭を安定させ、動かないようにします。

4．傷病者に意識があれば、頭を動かさないよう指示をし、質問に口頭で答えてもらいます。特に前後の動きをしないようにします。

5．傷病者に意識がなく、呼吸していなくてうつ伏せなら、ログロール（丸太回し）法を使います（図1・15）。背中が下になるように静かに患者をひっくり返します。そして下顎挙上法（図

1. ⅰ）を使って気道を開放し呼吸を確認します。
6. 顔と頭に負傷がある傷病者は、気道に血や嘔吐物があることがよくあります。気道をきれいにしておきます。
7. 傷病者の頭の開放性の傷口から出血していれば、負傷箇所を軽く覆うように吸収パッドを当てます。
8. 傷病者の頭部に物が刺さっていれば、それをそのままにして、その周りに大きな包帯材を置き、動かないように絆創膏か包帯で包帯材を止めて、その物を固定します。
9. ショックに対するファーストエイドを実施します。頭と肩を持ち上げますが、足と脚は持ち上げてはいけません。

その後の行動

1. 傷病者の頭部の負傷が重傷のような徴候があるとか、または意識を喪失（短い間でも）している場合、直ちに救急隊員を呼びます。
2. 頭を安定させて保持する方法があれば、傷病者の頭、首、背中、手、足を評価して、脊髄損傷があるかどうか見ます。
3. 嘔吐に備えます。嘔吐をしたら、傷病者を横向きになるようにログロールし、その間引き続き頭部と首を安定させます（図1．15）。

対応が遅れた場合

1. 傷病者をしっかりと監視します。睡眠は取らせても構いませんが、2時間ごとに目覚めさ

頭部の負傷

せて傷病者の精神状態をチェックします。

2．最初の1時間は15分ごと、それ以降は1時間毎にバイタルサイン（生命徴候）をチェックし、傷病者が医療を受けるまでこれを続けます。

禁止事項

・頭部に開放性の傷があれば、そこから体液が流れるのを止めないようにします。
・開放性の頭部の損傷をきれいにしないようにします。
・刺さった物体を取ってはいけません。
・足を持ち上げてはいけません。

理論的根拠

・頭部を負傷した場合には首も負傷していることがよくありますから、脊椎を保護する手順が重要です。
・頭部の負傷によって脳が腫脹することがよくあります。体液の流れを止めると頭蓋骨内圧が累積し、脳を傷つける可能性があります。
・頭蓋骨内出血は初期に発見できないとトラブルを引き起こすかもしれません。
・救急隊員の方が、ファーストエイド・プロバイダーよりもっと徹底的に傷病者の状態を評価できます。

覚えましょう

・脊椎を固定します。
・嘔吐に備えます。
・頭の負傷は非常に重大なことがあります。
・首の負傷が頭部の負傷から生じることがあります。

153

心臓発作

認識

心臓発作、死亡する可能性があるものの徴候には次のものが挙げられます。

- 持続する、または繰り返し起こる痛み、あるいは胸の真中の圧迫感
- 皮膚が青白く湿っている
- 呼吸困難
- 腕、肩、背中、首または顎が痛いとか、感覚がない(常にではない)
- 頭がふらつく
- 吐き気
- トラブルがあることを否認する

対応

最初の行動

1. 直ちに救急隊を呼びます。傷病者が呼ばなくてもよいと言ったとしてもです。
2. 傷病者に最も楽な体勢を選ぶようにさせます(普通は座った姿勢)。
3. 衣類がきついなら緩めます。
4. 嘔吐に備えます。

心臓発作

5. 傷病者を常に監視します。
6. 傷病者が胸痛用の処方薬を持っていれば、薬を飲むのを手伝います。
7. 傷病者が意識を失ったら、ABCをチェックし、必要に応じて人工呼吸またはCPRを施すか、呼吸のある傷病者なら回復体位を取らせます。

対応が遅れた場合
1. 傷病者に意識があって吐き気がなければ、傷病者にアスピリンを与えても差し支えないし、役立つでしょう。
2. 傷病者を最寄りの医療施設に連れて行きます。

禁止事項
・傷病者に横たわるよう強制してはいけません。
・処方されていない医薬を与えないようにします。

理論的根拠
・心臓へ向かう動脈に障害があると、心臓の一部に酸素が達するのが妨げられます（図3・29）。
・傷病者が迅速に医療を受けられないのであれば、心室細動（心臓ポンプの役割が果たせない状態）または心臓発作が生じるでしょう。

覚えましょう

・直ちに救急隊を呼びます。心臓の細胞で酸素欠乏により死滅したものは、再生しません！
・傷病者がそのトラブルが心臓に関係していることを否定したとしても、救急隊を呼びます。
・四肢の痛みは確実な徴候ではありません。

- 肺の中に液体があると、呼吸困難が引き起こされます。
- 心臓発作を起こしている傷病者を強制的に横にさせると、呼吸困難を助長します。
- アスピリンは血液を薄める役に立ちます。

熱関連の疾病

認識

熱痙攣は痛みがありますが、重大ではなく、その徴候には次のものが挙げられます。

- 重作業からくる激しい発汗
- 筋肉が痛くて、こぶができる

熱疲労は普通重大ではありませんが、徴候には次のものが挙げられます。

- 皮膚が青白く湿っているが、ほぼ平熱
- 吐き気または嘔吐
- のどの渇き
- 筋力低下
- めまい
- 脈が早く弱い

熱射病は非常に重大です。その徴候には次のものが挙げられます。

- 皮膚が赤く、熱くて、皮膚が乾燥していることもあります
- 精神状態がおかしい(混乱、いらいら)
- 喉の渇きがない
- 意識の喪失(極端な場合)

・発作（極端な場合）

対応

熱痙攣の場合
1．傷病者が痙攣した筋肉をやさしく徐々に伸ばす手助けをします。
2．氷または冷却パックを短時間用いて、筋肉を弛緩させます。
3．傷病者に水または市販のスポーツドリンクを飲むよう奨めます。

熱疲労の場合
1．傷病者を涼しい環境へ移し、余分な衣類は脱がせます(慎重にします)。
2．ショックに対するファーストエイドを実施します（"ショック"参照）が、傷病者へ毛布をかけてはいけません。
3．ぬらしたタオルで傷病者を覆い、傷病者に風を送ります。
4．傷病者に意識があり飲めるのであれば、冷たい水か市販のスポーツドリンクを飲むよう奨めます。15分ごとにグラス半分の飲み物を与えます。
5．傷病者が30分以内に回復しなければ、救急隊を呼びます。

熱射病の場合
1．迅速に救急隊を呼びます。
2．傷病者を涼しい環境へ移し、余分な衣類は脱がせます(慎重にします)。

158

熱関連の疾病

3. 傷病者に頭と肩を上げたやや身体を倒した姿勢を取らせます。
4. 湿度が低い環境であれば、冷たい水で傷病者をぬらし、風を送ります。
5. 湿度が高い環境なら、氷または冷却パックを包んで、首と鼠蹊部と腋窩部に当てて、素早く体温を下げるようにします。

対応が遅れた場合
1. 熱関連の疾病の傷病者で、飲み込めるなら、薄い塩水（1リットルにつきスプーン1杯程度）を飲ませます。15分ごとにコップ半分を与えます。

禁止事項
- 痙攣を起こした筋肉をもんだり、叩いたり、マッサージしたりしないようにします。
- 筋肉の痙攣を暖めてはいけません。
- 熱くなりすぎた傷病者を冷やすのににアルコールが入ったものを用いてはいけません。
- 精神状態が正常に戻ったら、傷病者をさらに冷やし続けてはいけません。
- 傷病者に処方されていない医薬を摂らせてはいけません。
- 熱射病の傷病者の足と脚を持ち上げてはいけません。
- 回復した傷病者に、そのトラブルを引き起こした活動をまたさせてはいけません。

理論的根拠
- 熱疲労（熱ばて）の傷病者は、水分を喪失しすぎたことによりショックになります。

・傷病者を冷やし、ショックに対するファーストエイドを施して、水分を補給すれば、傷病者の回復を助けることができます。
・体温が約40度という致命的な温度に到達した場合、脳は最早体温調整ができなくなります。熱がそのままだと脳への損害や死を引き起こすことがあります。
・熱射病は優先度の高い医療緊急事態です。脳へのダメージを防ぐために急速な冷却が必要とされます。
・アルコールは皮膚を通して吸収され中毒になるので、アルコールを身体に塗布することは受け入れられません。

覚えましょう

・顔が青ければ、靴(足)を上げます(ショック)。
・顔が赤ければ、頭(脳)を上げます。
・熱射病は優先度の高い医療緊急事態です。

低体温症(ハイポサーミア)

認識

軽症の低体温症(ハイポサーミア)の徴候には次のものが挙げられます。

- 四肢が冷たくて感覚がない
- 筋肉が硬直して動かない
- 震え
- 精神の混乱

重症の低体温症は深刻ですが、その徴候には次のものが挙げられます。

- ろれつが回らない
- 腹部が冷たい
- 震えがなくなる
- 筋肉が硬直する
- 呼吸と脈拍が遅くなる
- 意識不明(極端な場合)
- 呼吸と心臓の停止(極端な場合)

対応

最初の行動

1. 傷病者を暖かい環境へ移します。低体温症(ハイポサーミア)の傷病者を歩かせてはいけません。
2. 傷病者に意識があり飲めるなら、暖かい、アルコールやカフェインの入ってない飲み物を飲めば傷病者は落ち着くでしょう。
3. 傷病者に震えがなく、重症の低体温症(ハイポサーミア)の徴候があれば救急隊を呼びます。
4. 濡れた衣類を取り去り、傷病者を素早くかつやさしく乾かします。手荒な扱いは避けます。
5. 傷病者を仰向けにまっすぐ寝かせます。
6. 傷病者の体温が地面に取られないようにします。傷病者を包み、それ以上体温が奪われないように、産熱があればそれを保持するようにします。
7. 凍傷の徴候がないか調べます("凍傷"参照)。
8. 傷病者に意識がなければ、最低でも30秒は脈を確認します。

対応が遅れた場合

1. 加熱パック、熱いタオル、またはその他の覆いをかけた熱源を首の側面、わきの下、鼠蹊部にある脚のくぼみに置きます。
2. 傷病者が飲めるなら、温かく甘い飲み物を与えます。
3. 外見は死んだように見える、冷たくなった傷病者を蘇生させるよう試みます。何時間か経っていても、CPRで生き返った人もいます。CPRを始める前に、脈と循環の徴候を最低で

低体温症（ハイポサーミア）

4・重症の低体温症（ハイポサーミア）の傷病者には、絶対に医療を受けさせるようにします。も30秒チェックします。

合併症によって死亡することがありますが、この合併症は事件後数時間経ってから起こることがあります。

禁止事項

- 低体温症（ハイポサーミア）の傷病者を、歩かせたり運動させたりしないようにします。
- 低体温症（ハイポサーミア）の傷病者を手荒に扱ってはいけません。
- 低体温症（ハイポサーミア）の傷病者の脚を上げてはいけません。
- 傷病者をこすってはいけません。
- 低体温症（ハイポサーミア）の傷病者の濡れた衣類をそのままにしておいてはいけません。
- 低体温症（ハイポサーミア）の傷病者に喫煙させてはいけません。
- 凍傷の傷病者にアルコールやカフェイン入りの飲料を飲ませないようにします。
- 低体温症（ハイポサーミア）の傷病者を急速に暖めようとしてはいけません。
- 低体温症（ハイポサーミア）の傷病者を自分の体で暖めようとしてはいけません。

理論的根拠

- 震えている低体温症（ハイポサーミア）の傷病者は、熱を産出します。
- 傷病者の保温をすると、熱が保持され、緩やかに暖められます。
- 震えていない低体温症（ハイポサーミア）の傷病者は熱を産出しません。こういった傷病者

は医療施設で暖められなければなりません。
・現場で重症の低体温症(ハイポサーミア)傷病者を暖めようと試みたり、傷病者に運動させるとか、手荒く扱うとか、脚を持ち上げたり、傷病者をこするなどといったことは、すべて心停止を引き起こす可能性があるものです。
・温めた酸素を与えれば、さらに体温が奪われるのを防げます。酸素タンクから出て膨張するガスは冷たくなるので、さらに体温喪失が起こるかもしれないのです。

覚えましょう

・傷病者はやさしく扱い、運動させないようにします。
・急速に暖めないようにします。
・冷たくなっている傷病者は死んでいるのではありません。温かい状態でそうなら死亡した可能性があります。

筋肉の負傷

認識

筋肉の負傷—場合によって、打撲傷(打ち身、図3・30参照)、痙攣(けいれん)、または伸張された筋肉(筋ちがい)などもあります—の徴候には次のものが挙げられます。

- 変色(打ち身)
- 腫脹
- 圧痛
- 痛み
- 筋肉の痙攣(けいれん)
- 筋肉の硬直

対応

筋肉痙攣(けいれん)に対する最初の行動
1. けいれんした筋肉を、傷病者がやさしく緩やかに伸ばす手伝いをします。
2. 筋肉を弛緩させるため緩やかで確実な圧迫を筋肉に与えます。
3. 包んだ氷または冷却パックを使って、筋肉を弛緩する手助けをします。

筋ちがいまたは打撲（打ち身）に対する最初の行動

1. 負傷している筋肉を使わせないようにします。
2. 氷または冷却パックで負傷した筋肉の上を20分間覆い、腫れを和らげ痛みを軽減する手助けをします。
3. 負傷した筋肉を心臓の位置より上に持ち上げます。
4. 最初の12時間は3時間おきに20分の冷却措置を繰り返します。できるのであれば、負傷した筋肉を伸縮包帯で巻いて、冷却措置の間持ち上げておきます。

その後の行動

負傷後3日間は、12時間中3時間おきに20分間暖めます。

禁止事項

・けいれんした筋肉を揉んだりマッサージしてはいけません。
・最初に暖めてはいけません。
・皮膚に直接氷を用いてはいけません。
・20分を越えて冷却パックを用いてはいけません。
・循環を妨げるので伸縮包帯はきつく巻いてはいけません。

理論的根拠

・けいれんした筋肉を揉んだりマッサージすると筋肉組織が損害を受けます。

筋肉の負傷

・冷却すると、筋肉のけいれんにショックが与えられ、それが弛緩する原因になります。
・安静にし、冷却し、圧縮や持ち上げをすると、腫れと痛みが和らぎ、負傷した筋肉が早く治る手助けになります。

溺水

溺水は、すぐに命にかかわるものになり得ますが、その徴候には次のものが挙げられます。

認識

- 溺れとなる出来事
- 咳き込み
- 皮膚の色が青白い
- 息が苦しい
- 嘔吐
- 意識の喪失
- 呼吸停止（重症の場合）
- 心停止（重症の場合）

対応

最初の行動

1. 救急隊を呼びます。
2. ABCを確認します（"評価"参照）。脊髄損傷の疑いがあれば、傷病者を水中から動かして

溺水

はいけません。傷病者の頭と首、脊椎をまっすぐになるようにして、傷病者の顔が上になるように浮かせます。呼吸を監視するか、人工呼吸を施し("人工呼吸"参照)、傷病者を元気づけます。

3・救急隊員が到着するまで傷病者をしっかりと監視します。必要であれば、人工呼吸を始めます。("人工呼吸"参照)。

4・気道に液体があると思われる場合、手動吸引器(付録)の"ファーストエイド用品"参照)を使用するか、息をしていない傷病者を繰り返し転がして吐かせ、気道をきれいに保ちます。ゴボゴボいう音がするなら、気道をきれいにする必要があるということです。

5・低体温症(ハイポサーミア)の処置をします("低体温症・ハイポサーミア"参照)。

6・回復した傷病者に一番呼吸がしやすいと思われる姿勢を取らせます。

7・使えるなら、ポケットマスク(呼吸していない傷病者)、または口鼻マスク或いはノンリブリザーマスク(呼吸している傷病者)のいずれかにより高濃度酸素を供給します。

対応が遅れた場合

1・溺れた傷病者はすべて医療を受けるよう強く言います。合併症は、死亡原因になりえるものですが、溺れてから数時間後に出ることがあります。

禁止事項

・腹部圧迫は避けます。ただし、気道に障害物がある場合は別です。
・傷病者の膨らんだ腹部を押してはいけません。

・傷病者の肺の水を吐かせようとしてはいけません。

理論的根拠
・溺れた人の肺にはほとんど水はありませんが、肺は炎症を起こしていて、通常のように容易に膨らみません。
・問題は、肺から血液へ酸素を渡す機能が低下することです。この問題は時間と共に悪化します。
・暖かい酸素は、冷えた溺れの傷病者に非常に効果的です。
・傷病者は、溺死する過程で保持できるすべての水を飲み込みます。
・溺れた人が吐き出す液体は、胃からのもので、肺からのものではありません。
・低体温症（ハイポサーミア）は、負傷を悪化させるので、同時に手当をしなければなりません。

鼻血

認識
鼻から血がでている。

対応
最初の行動
1・保護手袋と、持っていれば、目を保護する物と顔のマスクを装着します。
2・鼻血が、頭の負傷から生じたものではないことを確認します。頭の負傷によるものなら、"頭の負傷"を見ます。
3・傷病者を座らせたうえで前傾させ、鼻孔のやわらかい部分をつまんで閉じ、5分間閉じたままにしておきます。

その後の行動
1・鼻孔の圧迫を5分後にやめさせ、出血が止まったか見ます。止まっていなければ、傷病者にそっと鼻をかませて、もう5分鼻孔を閉じさせます。
2・包んだアイスバッグまたは冷却パックを用意し、鼻柱を覆うように置きます。
3・鼻孔の圧迫を5分後にやめさせ、出血が止まったか見ます。止まっていなければ、救急隊

を呼びます。

4．傷病者が意識を失ったら、横向きにして血を吸い込まないようにして、手当を続けます。

禁止事項
- 頭または首が負傷している疑いがある場合は、傷病者を動かさないようにします。
- 傷病者の頭を後ろ向きに傾けたり、後ろにそったりさせてはいけません。
- 鼻に何か入れてはいけません。

理論的根拠
- まっすぐの姿勢をすると、出血している血管の血圧が小さくなります。
- 前かがみの姿勢は血が喉に流れ込むのを防ぎます。
- 鼻孔をつまむことで血液を凝固させ出血を止めます（"外出血" 参照）。
- つまんでもうまくいかなかった場合に、やさしく鼻をかむと、効果のなかった凝固や余分な血液などが取り除かれ、くしゃみをする恐れが減ります。くしゃみは鼻血を多くする可能性があるものです。
- くしゃみが出そうであれば、口を開けてくしゃみをするよう指示します。

172

毒（摂取）

認識

毒を摂取した場合、これは命にかかわらないものであることがありますが、その徴候には次のものが挙げられます。

- 腹部の痛みと痙攣
- 吐き気がして嘔吐するかもしれない
- 眠気／意識の喪失
- 息が変な臭いがする
- 口の周りがヒリヒリする、臭いがする、変色している
- 封が開いた容器、またはその他の証拠

対応

最初の行動

1. 毒の種類と量、いつ摂取されたのか、傷病者の年齢と体重を調べます。
2. 傷病者が酸性またはアルカリ性物質を飲み込んだのであれば、毒を薄めるためすぐにグラス1杯の水を飲ませます。
3. 傷病者を左向きに寝かせます。

4. 地元の中毒管理センター(日本国内なら中毒110番)へ連絡し、中毒の報告をして与えられた指示に従います。

対応が遅れた場合
1. 救急隊が遅れそうで、しかも中毒管理センター(中毒110番)へ連絡できないのであれば、傷病者を最寄りの医療施設に連れて行きます。
2. 活性炭(図3・31)を持っていれば、傷病者に適量吸い込ませます。
3. 傷病者が摂取したものまたは嘔吐物のサンプルをとっておきます。救急隊員は毒の種類を見分けるのにサンプルを使うことができます。

禁止事項
・アルカリ性物質の場合は、傷病者には水以外飲ませてはいけません。ただし、中毒管理センター(中毒110番)から指示された場合は別です。
・嘔吐させてはいけません。ただし、中毒管理センター(中毒110番)から指示された場合は別です。
・摂取した毒を中和させようとしてはいけません。
・活性炭を他の物質と混ぜないようにします。

毒（摂取）

理論的根拠
・摂取された毒は消化管を逆流すると、更にダメージを引き起こすことがあります。
・身体は胃からではなく、腸から毒を吸収します。
・左向きの姿勢は毒が腸に入る時間を遅らせます。
・活性炭は毒を吸収し、消化器系を通り抜けるまで毒を保持しています。

中毒110番
■大阪中毒110番（365日　24時間対応）
0990-50-2499
（ダイヤルQ2：通話料と情報料（1件300円）がかかります）
■つくば中毒110番（365日　9時～21時対応）
0990-52-9899
（ダイヤルQ2：通話料と情報料（1件300円）がかかります）

毒(吸入)

認識

毒の吸入は、命にかかわるものになる可能性がありますが、その徴候には次のものが挙げられます。

- 熱がないインフルエンザのような症状が急に発症する
- ペットも病気になる
- 吐き気がして嘔吐も考えられる
- 耳鳴り
- めまいと視覚障害
- 眠気または意識の喪失
- 呼吸停止および心停止

対応

最初の行動

1. 傷病者を早急に有毒な環境から出し、新鮮な空気のところへと連れ出します。
2. 早急に救急隊員を呼びます。
3. ABCをチェックします。必要に応じて人工呼吸またはCPRを施します。

毒（吸入）

対応が遅れた場合

最寄りの医療施設に連れて行きます。

4. 傷病者に呼吸があれば、その人をしっかりと監視します。
5. 傷病者が意識不明で呼吸があれば、回復体位（図1・7）にします。

禁止事項

・傷病者を見つけた場所に放置しないようにします。
・医師に診てもらうのを、遅らせてはなりません。

理論的根拠

・毒を吸入すると、組織へ酸素を循環させる身体能力が落ちることがあります。
・軽度の場合で、回復に要する時間は空気を呼吸した場合で5〜6時間、100％酸素を呼吸した場合で30〜45分かかります。
・重症の場合は高圧チェンバーという大きな、圧力をかけた施設の中で治療する必要があります。
・重症の中毒は生命維持に必要な器官に損害を与え、長期間の影響や死を引き起こします。

覚えましょう

・一酸化炭素中毒は非常に深刻な事態になり得ます。

・傷病者はできるだけ早く100％酸素が必要です。

毒（皮膚の接触）

認識

皮膚に接触したことによる中毒は、通常命にはかかわらないと思われますが、その徴候には次のものが挙げられます。

- ツタ、オーク、またはウルシに触った
- かゆみ
- 皮膚が赤い
- 腫れ
- 水ぶくれ（重症の場合）

対応

最初の行動

1. できるだけ早く石鹸と水で皮膚を洗います。
2. 患部に重曹を練ったものをあてます。
3. 冷たい水で濡らすか冷却パックを使うとかゆみが和らぎます。
4. 熱いが熱傷しない程度の風呂またはシャワーで、石けんを使わなければ、一時的には激しいかゆみが起こるでしょうが、その後8時間までかゆみを和らげる可能性があります。

毒（皮膚の接触）

5. 腫れまたは水ぶくれが生じたら、軟膏か薬を処方してもらって使用します。
6. 汚染された衣類はすべて捨てましょう。
7. 傷病者にアレルギー反応の徴候が出るかどうか監視します（"アレルギー反応"参照）。

対応が遅れた場合
1. 適切な軟膏を患部に塗ります。それから食品用のラップでその部位を覆い、ラップが動かないように包帯で軽く巻きます。
2. 皮膚の損害がひどくて、しかも救急隊の対応が不可能ならば、傷病者を最寄りの医療施設に連れて行きます。

禁止事項
次の行動は避けましょう
- 処方されていない薬は使わないようにします。
- 傷病者が患部をこすったり、ひっかいたりしないようにさせます。

理論的根拠
- 皮膚に毒性のあるオークやツタ、ウルシなどの油が接触した場合、皮膚接触中毒が起こります。
- 洗浄すると毒を含む油が除去され、更に炎症が生じるのが防げます。
- 水を追加すると毒は薄まります。
- お湯は、ヒスタミン細胞という、かゆみを引き起こすものを除去します。
- 処方されていない薬は、更に炎症を引き起こす可能性があります。

発作

認識

軽傷の発作（小発作）の徴候には次のものが挙げられます。

- 顔色がどす黒い
- まばたきが速い
- もぐもぐするような動き（時に）
- 吐き気（時に）
- 体の一部分の攣縮（時に）
- 一時的な意識の喪失

重度の発作（大発作）の徴候には次のものが挙げられます。

- 意識があるのに反応しない（初期徴候）
- 体の硬直と転倒
- 痙攣
- 痙攣期後の異常な精神状態
- 失禁（小便）の可能性

発作

対応

軽度の発作に対する最初の行動
1. 傷病者が倒れたり負傷したりしないようにします。
2. トラブルの既往がなければ、医師に診断してもらいます。

重度の発作への最初の行動
1. 傷病者を地面または床に寝かす補助をし、同時に頭を保護します。
2. 傷病者がぶつかるかもしれない周囲の物体を動かします。
3. 傷病者の頭の下に詰め物を置きます。
4. きつい衣類を緩めます。
5. 痙攣が治まり次第、傷病者を回して回復体位にし(図1・7)、頭を少し持ち上げます。
6. ABCをチェックします。必要であれば、人工呼吸またはCPRを施します。
7. 次の場合は早急に救急隊を呼びます。
- 傷病者に発作の既往歴がない
- 負傷により発作が引き起こされた
- 発作が5分以上持続している
- 発作を繰り返している
- 傷病者が発作後呼吸困難である
- 発作後傷病者の意識が回復しない
- 傷病者が妊娠しているか糖尿病である

対応が遅れた場合

1．救急隊員の対応が不可能で、傷病者が7番目（前ページ）に記載された基準のどれかに該当する場合、傷病者を最寄りの医療施設に連れて行きます。

禁止事項

- 傷病者の口の中に何も入れてはいけません。
- 傷病者を拘束してはいけません。
- 食べ物や飲み物は与えてはいけません。
- 傷病者の顔に水をかけてはいけません。
- 傷病者を違う場所へ移動しないようにします。

理論的根拠

- 重度の発作には、不随意で過度な力の行使が伴います。
- 傷病者を拘束すると、負傷を引き起こすことがあります。
- 発作を起こしている傷病者は発作中息を止めており、過度に唾液が出ています。
- 傷病者が呼吸を再開する前に、傷病者を転がして気道から水が出るようにします。
- 発作が長引いたり、繰り返されると、脳の損傷を引き起こすことがあります。

脊髄損傷

認識

脊髄損傷は、麻痺または死を引き起こすかもしれないものですが、その徴候には次のものが挙げられます。

- 首や背中の痛み、圧痛、ひりひり感
- 首または脊椎の変形
- 首や背中の筋肉痙攣
- 腕や手、脚や足の疼き、痺れ、ひりひり感または筋力低下

重傷の脊髄損傷の徴候には次のものが挙げられます。

- 呼吸困難
- 麻痺
- 失禁(大小便)

対応

最初の行動

1．負傷の原因を確認して、近くにいた人に質問します。その事故のために首か脊椎に負傷が生じたかもしれないとか、その事故の原因が何か確認できないのであれば、傷病者には脊髄損

傷があると仮定します。

2．傷病者が危険な場所にいて、移動させなければならないのであれば、相手の身体を真っ直ぐに保つようにして、安全なところに傷病者を静かに引っ張ります（図1・10および1・11）。

3．傷病者の頭を中立の位置に安定させます（図1・8）。手、腕または膝を使って傷病者の頭部を安定させ、動かないようにします。特に前後に動かないようにします。

4．傷病者に意識があれば、頭を動かさないよう指示をして、質問に口頭で答えさせるようにします。

5．傷病者が意識不明で呼吸をしておらず、顔を伏せていたら、ログロール法（図1・15）を使ってやさしく仰向けにし、下顎挙上法（図1・1）を使って、気道を開放します。

6．傷病者を医療施設に運ぶ以外に方法がなければ、間に合わせの等身大の固いストレッチャーに傷病者をログロールで乗せて、体、頭、脚を確実にストレッチャーに固定します（図1・14）。やわらかくて大きな物を傷病者の頭の両側に置いて動かないようにテープで止めて、頭を固定します（図3・33）。

その後の行動

1．頭を安定させる手段があれば（図3・32、3・32a）、傷病者の頭、首、背中、手と足を調べて、脊髄損傷の徴候がないかを見ます。

2．傷病者が冷えないようにします。

3．嘔吐に備えます。嘔吐が起きたら、傷病者を横向きになるようにログロールし、引き続き頭部と首を安定させます。

脊髄損傷

4. 救急隊員が到着するまでできるだけ傷病者をそっとしておきます。

禁止事項
- 脚と足を上げてはいけません。
- 気道を開放するために首を持ち上げてはいけません。

理論的根拠
脊髄は椎骨の中心を通り抜けています。
- 椎骨が損傷を受けていれば、脊髄が圧迫されたり、切断されることがあります。傷病者の首を中立の位置にしておくことで脊髄への圧迫を和らげること。それに、脊髄を更に損傷させるかもしれない動きを防ぐことです。
- 脊髄ファーストエイドの2つの目的は次のことです。
- 初期の身体検査には、四肢の感覚、動き、強さ／反応の評価も含まれますが、それは脊椎損傷を見つけるのに役に立ちます。

卒中(脳血管障害発作)

認識

卒中は脳血管傷害発作とも言われ、命にかかわることがあり得ますが、その最初の徴候には次のものが挙げられます。

・突然、激しい頭痛がする
・片目のかすみ、もしくは視力喪失
・言語障害
・瞳孔の大きさが違う
・平衡感覚喪失
・身体の片側の筋力低下、感覚喪失、麻痺
・意識の喪失(重症の場合)
・発作(重症の場合)
・呼吸停止または心停止(重症の場合)

対応

最初の行動

1.傷病者が転倒して頭を打ったならば、頭と首を固定します("脊髄損傷"参照)。

卒中（脳血管障害発作）

2. ABCをチェックし、必要に応じてファーストエイドを施します。
3. 直ちに救急隊を呼びます。
4. 傷病者を評価します（"評価"参照）。四肢の感覚、動き、強さ／反応をチェックし、瞳孔が等しいかチェックします。
5. 傷病者を、患部を下にした回復体位にします。頭を少し上げます。
6. 嘔吐に備えます。

対応が遅れた場合

1. 救急隊が得られない場合、傷病者を最寄りの医療施設に連れて行きます。

禁止事項

・傷病者に食べ物または飲み物を与えないようにします。

理論的根拠

・脳の片側への循環が無くなると、その反対側の身体に影響が出ます。
・脳のその他の部分への循環が無くなると、視界、平衡感覚、言語または嚥下に影響が出ます。
・頭を上げることで、脳にかかる圧力が低下します。脳は負傷で腫れています。
・患部を下にすることで、問題ない方が活動でき、体液を排出することができます。脳卒中を起こした者の中には、嚥下できない人もいますので、食べ物や飲み物を与えることは害となることがあります。

セクション3 まとめ

ここまで、ファーストエイドに関するさまざまな知識を学んできました。傷病者を発見してからどのように評価するか、どうやって安定化させ、実際の応急手当(ファーストエイドを行うのか)を認識・対応・禁止・理論的根拠と区分けをして学んだことはたいへん役に立つと思います。しかし、実際の緊急の現場では、傷病者を目の前にして驚き、緊張、そして多大なプレッシャーで、どのように行動していいのかわからなくなるでしょう。この本は、救急箱と一緒に現場に常備しておくようにしてください。そうすれば、いざという時にきっと役立つはずです。

資格取得講習会のすすめ

リアクトライトは皆さんが実際の救急の現場に出くわしても、最低限の行動ができるような実践的な講習会(プロバイダーコース)を全国で常時開催しています。実際にCPR訓練用人形などを使用した心臓マッサージや人工呼吸、止血法などの基礎的なファーストエイド実習に加えて、家庭や職場で実際に起きたことを想定するシナリオ練習を行い、現場に応じた対応の仕方をインストラクターと一緒に練習する機会を設けています。「運転免許を取ったときにやったよ」と言われる方もいるかもしれません。しかし、実際に傷病者が目の前に倒れていたらどうでしょう、救急車が来るまでに必要な行動がとれるのでしょうか。もし、あなたが職場で「管理者」という立場であるなら、かならずリアクトライト・プロバイダー資格を取得する講習会にご参加ください。このコースでは、成人向けファーストエイド/CPR講習を修了した認定

セクション3　まとめ

カード（2年間有効）を発行し、あなたが世界的に普及している救急法機関のプロバイダーであることを証明します。リアクトライトジャパンでは、常に最新のファーストエイド／CPRに関する教材の開発や技術の普及を行っていますので、この認定を受けることは、あなたが職場の管理者である証のひとつになることだと考えています。

講習会に関するお問い合わせは、リアクトライトジャパン reactright@inconcept.co.jp
www.inconcept.co.jp/reactright までお気軽にお尋ねください。

React Right
First Aid & CPR Training

Simple, Complete, Effective, Home Study

- リアクトライトで最新の救急法トレーニングを身につけましょう -

警告

このガイドは体系的な教育システムの一部です。このガイドだけでファーストエイドとCPRコースのすべてを修了するようにはなっていません。公認インストラクターの指示のもとに、必要なホームスタディやスキル修得セッションを終わらせるようにお勧めします。

ファーストエイドとCPRに関する法律やガイドライン、手順などは国によってさまざまです。現地の法律と、それを担当するリアクトライト・インストラクターが現役の教えることができる指導者かどうかを、リアクトライト・ジャパンで確認できます。リアクトライト・インストラクターについての情報は、リアクトライト・ジャパンへ電話をするか、またはメールで確認することができます。

地域

ファーストエイドとCPRに関する法律やガイドライン、手順などは国によってさまざまです。現地の法律と、それがその地域の市民にどのように適用されるのかを熟知しておくのは手当てをする人の責任です。日本国内のガイドラインはリアクトライト・インストラクターにお尋ねください。

緊急医療援助

緊急医療援助（救急隊・救急車）に関する電話番号や情報は国によって異なります。緊急時における現地の緊急連絡先などを熟知しておくのは手当てをする人の責任です。

Copyright 2004 　ReactRight Japan

すべての権利はリアクトライトジャパンが保有しています。本出版物のいかなる部分も、事前に書面による許可がない場合は、複製したり、何らかの保存システムに保存したり、また、いかなる形態でも、いかなる方法でも—電子的あるいは物理的方法、コピーによるもの、それ以外のものでも—伝達してはなりません。

わが国の救急蘇生法の普及率は、欧米のそれと比較され、その低さが問題にされてきました。事実、いまだにとても低い普及率であります。しかしそれより問題視されなければばらないのは、人の命の大切さ、命を救うことの認識の差であると考えます。もちろんこの点に関しての欧米との比較の確かなデータを持っている訳ではありませんが、銃による傷害や殺人は、銃規制の厳しいわが国と較べれば、圧倒的にアメリカが多いでしょう。しかしそれはともかくとして、アメリカ一般市民の救急蘇生法の普及率、あるいはその施工率が高いのはなぜなのでしょうか。プールに入るにも心肺蘇生法の修得が必要とさえ聞いています。小さい子供であっても一人でプールに入る際にはプールの監視員が教えていました。例えその方法を実践できなくても、です。プールでは溺れる人がいること、その人を助けなければならないこと、そのためには常日頃から心肺蘇生法をマスターしておくこと。そして命を大切にすることを教えているのです。

　倒れた人を遠巻きにして救急隊員がくるまで、何もしないで見ていることが多いわが国の国民性とは大きな違いがあります。救急蘇生法の普及のための努力は、まだまだ続けられねばならないのは明らかで、このリアクトライト・プログラムも、その重責を担っているといえます。

　本書をお読みいただいた方は、後述にありますようリアクトライトジャパンや日本救急蘇生普及協会で開催する講習会にぜひ参加していただき、ひとりでも多くの方が救急蘇生法のスキルを身につけていただくことを願ってやみません。

愛知医科大学　高度救命救急センター教授
野口　宏

ファーストエイド/CPR
応急手当マニュアル&フィールドガイド

2004年7月6日 初版第1刷発行

発 行 人	田中正次	発 行 所	日本リガメント株式会社
編 集 人	河野 達		〒456-0018 名古屋市熱田区新尾頭1-12-10
監 修	愛知県外科医会	発 売 元	株式会社名古屋流行発信
医学編集	野口 宏		〒453-8666 名古屋市中村区千成通5-17
	愛知医科大学教授 救命救急医学		TEL (052) 471-4111(代)
	山田忠樹　NPO法人日本救急蘇生普及協会	印 刷 所	長苗印刷株式会社
編 集	栗山貞治　リアクトライト・ジャパン		
	平川恵子　NPO法人日本救急蘇生普及協会		
翻 訳	野澤 徹		
制 作	リアクトライト・ジャパン		
	NPO法人日本救急蘇生普及協会		
装 丁	西村敏男　高木直子		

日本リガメント株式会社 代表取締役社長　田中正次
鹿児島商業高を卒業後1980年に富士銀行に入社。名古屋市内の支店に勤務していた'94年に退社後、経営者を志し当時、自動車部品生産の子会社で倒産寸前だった日本リガメント(名古屋市熱田区)社長に就任。「企業は人なり」がモットーで、自らの会社の人材教育にも情熱を注ぎ、わずか10年たらずで年商150億の企業に成長させた。2002年内閣府認証パソコン整備士協会理事長就任、2003年多摩大ルネッサンスセンター客員助教授に就任。鹿児島県開聞町出身。42歳。

リアクトライトジャパン：株式会社インコンセプト　代表取締役社長　河野 達
ファーストエイド／CPR教育の普及を目的に、2001年に設立された米国の救急法トレーニング機関の日本支部。米国の医師と教育の専門家を中心としたプロジェクトチームにより開発され、その日本語版教材開発と資格取得講習会を全国で展開しています。また、さまざまな事業体（スポーツ専門店、一般企業、教育機関、公共施設など）に適用できる柔軟なビジネスモデルを提供しています。
お問合せ先　東京都渋谷区神宮前2-26-8　神宮前グリーンビル2F　03-5414-6709
URL:www.inconcept.co.jp/reactright/　e-mail:reactright@inconcept.co.jp

NPO法人 日本救急蘇生普及協会(JLSA)：会長　野口 宏
心肺蘇生法や救急法を中心に講習会を開催している日本救急蘇生普及協会は、救急救命部門の第一線で活躍している医師が講義し、実技は医師の指導のもと、協会認定の指導員(救急管理士)が行うことにより一般への救急蘇生法の普及促進をしています。
お問合せ先　JLSA事務局　理事長　山田忠樹　愛知県名古屋市北区浪打町2-92　052-981-6574
URL://www.jlsa.jp

落丁本・乱丁本がありましたら、株式会社名古屋流行発信までお送りください。お取り替えいたします。
定価はカバーに表示してあります。
本書の記事、写真を無断で複写(コピー)、転写することを禁止します。

ISBN 4-89040-073-7
2004　Printed in Japan